MONTESSORI LAB
CHILDREN'S EMOTIONS

蒙台梭利
家庭教育实用手册
情绪管理

［意］基娅拉·皮洛迪 著 刘璇 译

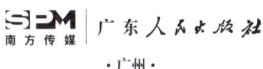

图书在版编目（CIP）数据

蒙台梭利家庭教育实用手册. 情绪管理 /（意）基娅拉·皮洛迪著；刘璇译. —广州：广东人民出版社，2023.3
ISBN 978-7-218-16045-0

Ⅰ.①蒙… Ⅱ.①基… ②刘… Ⅲ.①家庭教育—儿童教育 Ⅳ.①G782

中国版本图书馆CIP数据核字（2022）第188847号

MONTESSORI LAB CHILDREN'S EMOTIONS
WS White Star Kids is a registered trademark property of White Star s.r.l.
©2020 White Star s.r.l.
Piazzale Luigi Cadorna, 6
20123 Milan, Italy
www.whitestar.it

本书中文简体版专有出版权经由中华版权代理有限公司授予北京创美时代国际文化传播有限公司。

MENGTAISUOLI JIATING JIAOYU SHIYONG SHOUCE · QINGXU GUANLI
蒙台梭利家庭教育实用手册·情绪管理
［意］基娅拉·皮洛迪　著　刘璇　译　　　　　版权所有　翻印必究

出 版 人：肖风华

责任编辑： 陈泽洪
责任技编： 吴彦斌　周星奎

出版发行：广东人民出版社
地　　址：广州市越秀区大沙头四马路10号（邮政编码：510199）
电　　话：（020）85716809（总编室）
传　　真：（020）83289585
网　　址：http://www.gdpph.com
印　　刷：北京尚唐印刷包装有限公司
开　　本：787毫米×1092毫米　1/16
印　　张：10.25　　字　　数：83千
版　　次：2023年3月第1版
印　　次：2023年3月第1次印刷
定　　价：49.80元

如发现印装质量问题，影响阅读，请与出版社（020-87712513）联系调换。
售书热线：（020）87717307

目录

引言
蒙台梭利与全新的教学法 — 1

蒙台梭利教育法的原则 — 4
儿童的视角 — 16
情绪教育的意义 — 20
情绪和社会关系 — 22
情绪：一部说明手册 — 25
补充指导书 — 34

了解情绪 — 37
用造型黏土复现情绪表达 — 40
情绪饼干 — 44
情绪鸡蛋 — 48
用水果和蔬菜表达情绪 — 50
情绪石头 — 55
脸部和身体传递的情绪 — 58

应对情绪　　　　　　　　　　　　　61

平心静气瓶	64
破坏再重建	66
吹走愤怒	71
揉捏愤怒	74
羞愧面具	78
安全毯	82
制作欢乐板	86
制作平心静气板	88
制作厌憎黏液	90
踩踏悲伤	92
压力球：通过双手释放愤怒的小气球	96
提供情绪策略的立方体	98
玩偶是消解情绪的朋友	100
情绪收纳篮	104
为坛城着色	108

引言

玛丽亚·蒙台梭利（Maria Montessori）认为，情绪教育与社会化紧密关联，情绪正是在关系情境中[1]得以表达。

因此，在学习情绪语言这一激动人心的过程中，成年人成为儿童的引导者及效仿的榜样。他们如何才能做到这一点，不为各自的情绪起伏所困呢？

本书旨在于棘手的情绪教育任务中助父母一臂之力。

本书为孩子们提供了丰富多样的活动和游戏，以及方便实用的工作材料，他们可以通过这些材料学习如何确定、识别、表达和调整情绪。教导孩子学习情绪语言将有助于他们成长为自信包容、懂得尊重的成年人。本书从蒙台梭利教育法提供的信息着手，与成年人进行坦诚交流，促使他们进行反思，察觉自己在与儿童互动中表现出的情绪，从而为他们提供解读、回应儿童情绪表达的工具。

本书结尾处所附材料分为两部分。第一部分包括向孩子介绍情绪语言的活动，帮助他们了解每种情绪的面部和肢体的表达方式。第二部分详述了面部和肢体的表达内容，暗示了情绪控制的策略。所有活动都需要使用不同的材料，例如水果、岩石、造型黏土、面粉和纸，用来训练儿童的运动技能，调动儿童的感官功能。根据蒙台梭利家庭教育的理念，双手是我们探索世界和发掘自我的主要工具。

---

[1] 心理学将情绪（Emotion）定义为由某种特定的情景或某个事件诱发的，伴随着特定的主观体验和生理反应，并且能激发人们后续行为反应的一种心理过程。

儿童的幸福欢乐，能够证明我们的教育方式正确无误。

——玛丽亚·蒙台梭利

蒙台梭利与全新的教学法

玛丽亚·蒙台梭利是一位才智非凡、敏感细腻且意志坚定的女性,她由衷地渴望为改善人际关系做出突出贡献。作为一名出色的精神病学家、教育家、人类学家和哲学家,蒙台梭利一扫19世纪末众多哲学理论停滞不前的阴霾。她是教育学领域文化革命的先驱,彻底颠覆了家庭和学校传统的儿童教育观念。

1870年8月31日,她出生于安科纳地区的基亚拉瓦莱的一个中产阶级天主教家庭。童年期间,她往来于佛罗伦萨与罗马,在那里学习科学和医学,她是意大利第一批获得大学医学博士学位的女性之一。

她参加会议,宣讲自己关于智力障碍儿童教育的理论,1907年,她开设了儿童之家(Casa dei Bambini)——一个为居住在罗马公寓楼的工薪阶层家庭儿童开设的托儿所,随后在米兰也开设了一家,这给她提供了将自己的理论付诸实践的机会。

她与同事朱塞佩·蒙特萨诺(Giuseppe Montesano)博士结合,并诞下儿子马里奥,这段关系为科学界所不容。这个孩子不得不被送人寄养。直到1913年,她才重新获得监护权。

儿童之家激发了她的灵感,她撰写了第一部也是最为重要的一部著作《蒙台梭利方法:应用于儿童之家幼儿教育的科学教育方法》(*The Montessori Method : Scientific Pedagogy as Applied to Child Education in "The Children's Houses"*)。

这本书在全世界取得巨大成功,经久不衰,它介绍了创新的概念和革命性的方法,那就是通过结构化的工作材料开展的感官教育,以及关于儿童自由的思考,尊重儿童的理念,反对在儿童教育中使用惩罚和奖励的观点。有别于包括阅读和背诵在内的传统方法,蒙氏教育法鼓励儿童使用具体工具进行学习,效果更佳。

◀ 蒙台梭利是一位开明、多才多艺的科学家,改善社会问题的积极参与者;她彻底改变了教育学界,将注意力回归到儿童及其先天技能上。

◀ 儿童之家是儿童可以使用工作材料验证自己的兴趣的场所。他们勤奋工作，积极参与，开心快乐；他们表现出内在自律性，可以自由地体验社会生活。

这本书成就斐然，为基于蒙台梭利理论创建新式小学，以及为三岁以下儿童开设第一所幼儿园铺平了道路。世界各地的教育工作者都对蒙台梭利的理念产生了兴趣，她的书在58个国家发行，被翻译成36种语言。

蒙台梭利始终站在社会和文化斗争的最前沿，尤其是在她所倡导的社会阶级底层和妇女权利方面。她是女性解放与和平提案的狂热支持者，从不偏袒任何政治阵营。她向政治领导人提出了创新的解决方案，推动了关于如何进行社会改良的辩论。最初，意大利新兴法西斯政权对她青眼有加，使她能够在20所那不勒斯的小学中引入蒙氏教育法。即使是著名的秦梯利提倡的教育改革[1]也欣然接受学校采用蒙氏教育法。意大利蒙台梭利协会随之诞生，总部设在罗马和那不勒斯，旨在授权出版书籍及建立新学校，制作学校必需的"蒙台梭利教材"，组织教育工作者的培训。

然而，第一次世界大战的爆发令蒙台梭利梦想破灭，她梦想的平等主义思想、尊重个体自由及和平观点，与极权主义政权相冲突，他们开始关闭意大利和德国的蒙台梭利学校。蒙台梭利带着儿子逃往西班牙，继续出版自己的著作，直到1936年西班牙爆发了内战，迫使她再次逃亡，先是逃到英国，随后到了荷兰，最后于1939年远赴印度。1947年战争一结束，蒙台梭利就回到意大利，重组蒙台梭利协会，开办蒙台梭利学校，不过她依然常住在阿姆斯特丹，继续周游世界。

她于1952年5月6日在荷兰诺德韦克去世。她的墓碑上写着："我恳求亲爱的、全能的孩子们与我一起为人类和世界创造和平。"

---

1 秦梯利（Giovanni Gentile）（1875—1944），意大利哲学家、新黑格尔主义者，倡导行动唯心主义，曾任意大利法西斯政府教育部长，主持了1923年意大利教育改革。具体措施：颁布《教育法》，规定初等教育由幼儿教育、小学教育和职业预备教育构成。6～14岁为义务教育阶段。有三种中学（补习学校、中等职业学校、文科中学）与小学相衔接。

蒙台梭利教育法的原则

蒙台梭利基于实证调查、采集数据的直接观察结果及对自己所提出理论的客观验证，创建了一种全新的科学教学法，因此赢得了无可争议的赞誉。在蒙台梭利的童年时代，人类的本能受到扼制，因此她本能地形成了一种叛逆的冲动，反抗极权主义概念，宣扬人性的真正本性。

她对儿童与成年人的互动进行了持久的耐心观察，注意到当时存在的错误比比皆是，这些错误最终会导致孩子的不良行为。学校并非为儿童创办，而是为成年人创办，环境、家具、工作材料和教学方法都是以成年人为中心视角进行构设，对此儿童不得不顺应服从。教师"扼杀了儿童创造性的自发行为"，压制了孩子的意志，按照社会标准加以塑造，在行为、情绪和认知水平层面产生了明显的负面影响。蒙台梭利敢于逆社会潮流，观察孩子的自然本质。她相信，"教育必须旨在助力发展人类与生俱来的心理力量"。

蒙氏教育法不仅仅是一种教学方法，它更是一种真正意义上的全面教育方法，通盘考虑孩子的成长。

她进行的教育观察自幼儿呱呱坠地那一刻便已开始。这个年幼的探险家开启了生命之旅，已经拥有了自己需要的技能。

新生儿已经是一个能力具足、独立自主的人，不需要由雕塑家进行定义或"塑造"。儿童需要一个典范，成年人可以在安全的环境下引导他们，给予他们形成自己的天赋技能所需的空间及信任。幼儿表达了需要"他人帮助自己独立行事"的需求，这意味着萦绕他们周围的是信任和乐观的氛围，人们相信他们的潜力，在他们身上倾注耐心，任其充分发挥自己的潜力。

儿童拥有吸收性心智，即具有从他们的切身体验中快速汲取经验的心智能力，从而将之转化为动作行为模式。长篇大论地进行解释，教儿童学习事物及所生活世界中的其他元素的工作原理，这样做全无必要。身为成年人，我们认为有些体验对儿童来说难度太大，因此想要越俎代庖，阻止儿童自己去面对，这样做同样毫无必要。我们需要做的，仅仅就是将适合儿童年龄的安全的工作材料放置在干净安全的环境中，放置在他们触手

可及的地方,并且始终放在同一处位置,这样儿童就可以按照自己的节奏自主进行探究,想做多久就做多久。

玩具不应被塞在篮子里,放在那里的话它们最终会被遗忘,相反,玩具要放在一眼能看到的开放的低矮架子上,儿童便可以随时自行拿取。玩具被按照种类进行划分,这样儿童便了解到,每件东西占据了世间的某一特定位置,现实世界中按照清晰明了、按部就班的范畴予以归类。这样,当发现玩具未摆放到位及破损脏污时,儿童会是第一个感到气恼的人,他们会努力做到保持玩具整洁有序。因为这是他们学习到的现实,也是他们会一直在生活中进行复制的现实。

儿童床的高度要低一些,每次他们感到疲倦,需要休息或想睡觉时,都可以自由上下。衣服要摆放在和儿童身高相当的抽屉里,这样他们可以学会正确的穿戴顺序;每次他们想要执行这项技能时,他们都可以挑战"自己穿好衣服"的任务。据说厨房也可以进行同样的实践,给他们适合自己身高的专属桌椅,把适合他们手掌大小的餐具放在低处的一个抽屉里,这样他们就可以参与布置和清理桌子,自己吃饭,借助凳子让自己够到水槽的高度,参与洗碗。这些方便之举确保儿童成为家庭和学校生活中的重要一份子,照顾自己,适度地承担责任。他们会培养动手能力、解决问题的能力及强烈的自信心,因为他们认为自己能与成年人一样行事。

感觉自己是世界的重要一员,感觉受到重视,被人倾听,儿童最终会自由地表达自己的需求。

成年人始终陪在他们身边,充当这些自发过程中的引导者、榜样和细心的观察者,每当遇到障碍时,对儿童加以引导,指明方向,给予鼓励和安慰,他们的作用无可替代、不可或缺。成年人的介入要谨慎适度,尊重儿童的节奏,从不干预或抑制,从不提前行动或是越俎代庖。

在成长过程中,儿童会经历一些阶段,对某些类型刺激的敏感性有所增强,蒙台梭利称之为敏感期。这代表了某种自然的呼唤,

完全出于本能,不受孩子掌控,好似一种无法抵制的诱导,使他们更容易接受环境中的某些冲动和元素。在这些时期,成年人应该提供给孩子更容易接受的刺激,以帮助他们成长,发展他们的能力。

蒙氏教育法认为学习过程是一个实践过程,而非理论过程。儿童通过拿某种材料做实验,了解其物理特性和功能特征;通过日复一日的直接体验、犯错试错、自我纠正和感官探索,了解了世界的构成方式。如果概念来自实践和感官探索,而非来自口头的抽象解释,那么概念的形成就会更清晰、更牢固、更简洁。

学习是一个自然而然的过程,借由儿童对其所处环境的直接体验,通过让儿童自由选择他们的兴趣,学习自发进行。蒙台梭利认为,自由与发展密不可分,自由是发展创造力的必要条件,每个孩子与生俱来拥有创造力,但往往被成年人的介入所压制。这种自由派生出儿童的责任感,当他们自由做事时,他们学会成为自己行为的主宰,为自己的行动和后果负责。这种责任感是培养纪律性的基础。蒙台梭利教育培养的儿童,是一个自由的探索者,他们并非不守纪律、不受约束,恰恰相反,他们对自己负责,细心自律。蒙台梭利教育项目建立在对人类进行整体分析的基础之上,该分析考虑了一个人从出生到成年的生命不同阶段中,其身体、情绪和智力的特征。将24岁左右定为成年的话,蒙台梭利指出个人发展的以下四个主要阶段或层面,每一阶段或层面都各有特点。

1. 0~6岁：吸收性心智

在婴儿期，儿童的个性便得以塑造，他们的心智具有高度的情境敏感性，就像一块海绵般吸收周围的一切。0~6岁的基本需求都集中在构建自主性上，儿童想自己行事，寻求人身独立，成年人的作用是帮助他们实现这一目标，推动实际生活中所有此类的活动。通过这些活动，儿童学会照顾自己、关爱自身环境。

2. 6~12岁：智能建构

步入童年时期。这一阶段的儿童有足够的能力去体验机构化更加明显的学习环境，比如学校，初步建立起逻辑关联性；换句话说，儿童懂得思考，渴求知识。

这一阶段亲证了从具体思维到抽象思维的过渡期，儿童开始被幻想世界深深吸引，创作

故事，释放他们的想象力。在这一阶段，儿童想要进行自主思考，寻求思想独立。因此，有必要用科学和自然世界的体验对他们进行激发。

他们需要培养对家庭以外群体的归属感，他们的道德良知更加成熟，更加重视社会和伦理价值观。

3. 12~18岁：社会自我建构

步入青春期。这一阶段的青年在智力和情绪层面上寻找自我身份，他们会变得蓄意刁难、刁钻古怪、阴晴不定，非常情绪化。

4. 18~24岁：自我意识建构

青年的良知、对世界及自我的认知更加成熟，确立起自己的目标和理念，寻求经济独立。

在提高儿童情绪管理技能重要性方面，蒙台梭利的理念还是某些最新心理学理论的先导。

在她的著述中，蒙台梭利并没有专门谈论情绪教育，也没有具体谈论重点培养儿童情绪管理技能的活动。她的著作并未提供实践中可供参考的工作材料，去帮助儿童表达自我的情绪。

没有什么工具可以让儿童平静心绪，或是排解他们的怒气。蒙台梭利教学法主要涵盖学校教育教学的方法论，蒙氏工作材料侧重学习字母、数字、形状，以及分类组织工作材料的方法。

然而，我们不能一叶障目，在她的书中，蒙台梭利不断地谈及情绪。每次她谈论她的小小探险家们，讲述她在学习期间遇到的孩子、父母和老师的逸事，实际上她都是在向我们讲述人际关系，谈及多少取得了成功的情感联系，谈论得到满足或为人忽视的需求，所有这些都会在行为和情绪方面引起反应。

在解释学校、环境、常规事物、工作材料及与教师的互动的组织方式时，她清晰地阐明了儿童健康教育的基本环节，不过内容不仅仅只有这些。蒙氏工作材料的优雅性、家具的整洁性及教学顺序的精确性，隐藏着更深层次的内容。除了考虑儿童生活的每一处细节之外，她还告诉了我们情绪协调的支柱：心理空间、认同的视角、倾听与等待、不去评判及不去干扰他人的行为表达。

在无法预知的情况下等待孩子发挥主动性——她提出这一建议是在教导我们：孩子就是他们本人，而非我们自身某部分的投影，关于这一点我们在思想上要有预留空间。在我们为他们营造的空间里，我们不得不预留空间接纳他们的情绪，以及他们的情绪的表达方式。

在儿童自己可以完成的活动中，我们不要越俎代庖，即使他们犯下错误。她说明这一点的重要性，就是在教导我们：包容的价值体现在它能令人愉悦，使人头脑清醒、富有同情心，同时也体现在它能令人感到难以应对，使人杂乱无章，扰乱人的心绪。即使是那些具有破坏性、干扰性和混乱性的情绪，我们也要接纳，在接纳的过程中，情绪可能会变得更加柔婉舒缓。我们要让儿童去建立创造，去发挥身体功能来塑造他们的思想，用他们的双手去探索世界。每次她鼓励我们这样做，都是在送给我们一条宝贵的攻略：打通儿童创造性活动的途径，让他们在运动中释放情绪，通过集中注意力来控制情绪，借此帮助他们调节情绪。

她肯定混合班级具有重要意义，让低龄儿童与高龄儿童进行互动，相互观察，彼此学习，尊重对方的需求，此时她想要强调培养同理心的重要性。也就是说，能够站在别人的角度，接受别人的观点，关心别人的感

觉,关注他们是否需要帮助。

最后,她将儿童定义为"爱的老师",能够将最纯粹、最绝对、最真挚的爱给予自己的示范榜样,让他们觉得自身独一无二、不可替代,这时她向我们证明了儿童拥有纯洁的灵魂,怀有纯然善念。她提示了我们,爱与被爱是一切幸福感、自我价值和自信的基础。她勉励我们以爱奠定基础,来建立与孩子的关系。

总体而言,蒙台梭利的理念充分进行了反思,或多或少明确了情绪的重要性。

一个能够识别、感受、倾听、确定和表达自己的情绪,随后在他人身上也能识别同样情绪的孩子,长大后就能在任何环境中发展关系,进行互动。换句话说,孩子长大成人,就会清醒地意识到要保持身心独立,拥有真正无私的灵魂,无惧各种关系。蒙台梭利整体教育学说拥有更伟大的梦想和目标,那就是实现世界和平。通过以健康宽容的方式培养关系,儿童和成年人为此做出了贡献。

儿童的视角

蒙台梭利认为，成年人对待儿童的最重要原则之一是，"不要影响儿童参与的一切合理活动形式，尝试理解这些形式"。她写道："……儿童做出至关重要的表达，表明亲密的力量推动了孩子在任何领域中提升自身的能量，我们对此全然不知。谈论儿童的活动时，我们会想到某个具体细节，这一细节可能是我们碰巧亲眼看见，吸引了我们的注意力。又或许这一细节是某种不良回馈，源自长期受到抑制的能量得不到满足形成的某种心理偏差。相反，孩子真实活动的迹象并不容易被觉察；我们必须相信孩子的内心皆存善意，肯于认可这种关爱的善意。只有这样才能真正理解这种善意。"

蒙台梭利留下最为重要的一笔遗产就是视角，借此她在儿童之家对儿童展开观察。她的学校令人感到安全、温暖、友好和安心，在那里我们每个人都可以摆脱世间的沉重，可以完全自由地进行呼吸，这一场所因此得名"家"。

走入每一所儿童之家，儿童都是一个独一无二的独特个体，他不必满足任何人的期望，也不必适应任何预定的模式。儿童不是需要进行计算的未知数序列；相反，他们是由有待加强协调的个性所构成的一个完整世界。诞生世间以来，孩子是一个活跃的主体，

拥有自己的个性和身份。他们不是一个空空的容器，需要填入普世规则与教义，也不是一块空白的画布，由专家和固执己见的成年人进行书写。孩子已经拥有了面对生活奇遇

所必需的一切。大自然将他们带到世间，他们具有吸收信息和教义所需的一切身体、情感和精神方面的基础结构。

成年人的任务是推动学习过程，牵着孩子的手，以友好信任的目光看待孩子的能力，学会保持尊重与耐心，让自己缓一拍行事，而不是带着焦虑苛责的态度，自己先一步行事。成年人负责照管孩子活动的

还带有些傲慢心态,用该词来描述孩子难以应对的行为,那些行为需要投入大量精力进行反思,实施自我控制,因此需要付出太多努力。将其称为"发脾气",不予理会,而不是根据孩子的哭泣进行识别,认真聆听,理解其背后表达的抗议;用前者的方法解决行为问题自然更加轻松,但毫无疑问我们实际上需要付出努力。我们都是凡人,我们都会遇到充满挑战的日子,有时我们没有预留足够的空间接纳孩子的出格行为。然而,如果老师和家长就儿童的失控行为向蒙台梭利学习,她曾这样认为:这种行为总有一种有效、真实的解释,展示出某种交流需求,这种需求尚未找到其他方式进行自我表达,在不能被人理解时倍感纠结,因此依然得不到满足。

蒙台梭利并不要求儿童达到成年人的智力水平,达到成年人的期望,事实恰恰相反,她要求成年人在孩子身旁蹲下身来,观察他们,按照他们成长的程度与之进行交谈。坐在孩子身旁让我们可以从他们的视角观察世界,意识到从自身的高度观察事物令我们疏漏了如此多的细节。我们开始转换为孩子的身份,想起自己小时候期待答案之时,要求心不在焉的成年人倾听之时,在我们脚痒难耐想去奔跑、手急于触碰,却要保持一动不动之时,这些时刻多么难挨。我们意识到,对成年人来说,孩子的这些行为可能会令他们感到心烦意乱,但如果从孩子的角度来看,这些行为完全是合乎情理的。

环境,根据孩子的需要和节奏,不断提供成长的机会。

蒙氏教育法不存在事前预判,孩子不会因为不受惩罚便不哭泣,他们不会因为无须守规矩便不抱怨,他们不会因为自己霸道骄横便不尖叫,事实恰恰相反。她书中出现的"发脾气"一词,很可能是该作品翻译不当的结果。书中该词并非指我们通常认知的方式。这不过是一个轻率得出的名称,甚至成年人

情绪教育的意义

儿童感受到的情绪是强烈的身体感觉，突然发作，无法控制，这种感觉他们能够应付得来，不过往往会对此感到恐慌。因此，可能出现手颤顿足、胸腔绷紧、肚子刺痛、头昏沉等现象，让孩子知道这些现象的意义非常重要。情绪解读和解读任何其他身体感觉同样重要，正如瘪瘪的肚子咕噜咕噜叫表示饥饿一样，孩子会领悟到，红脸、皱眉、耸肩、流泪和握紧拳头可能意味着悲伤、愤怒、羞愧，等等。通过这种方式，他们学会识别自己和他人的情绪状态。没有解读情绪的能力，孩子就无法培养自律或同理心，而同理心是我们拥有的最珍贵的情绪之一，因为它勉励我们尊重他人。

蒙台梭利认为，最好的学习方式是实践，因此，了解情绪的最佳方式是进行体验和观察，使它们融入我们的世界。第一步要接纳情绪的存在，知晓其如何形成，有何特点，如何命名，以及如何表达。做情绪游戏有助于了解情绪，这样当孩子随后置身于某种关系中时便能对情绪加以识别。教导孩子谈论自己的感受，不加判断地根据身体和精神状态定性自身的感觉，为孩子提供不同策略来表达这些感觉，而不被扩散开来的情绪状态击垮，这成为情绪教育过程的基石。

情绪和社会关系

蒙台梭利理念有一个关键要素——儿童成长的环境对于塑造儿童的性格起着至关重要的作用。环境可以促进或抑制儿童的先天特征。

蒙台梭利认为,儿童的情绪发展和社会意识关联紧密,相通共融。儿童能学会识别自己的情绪,继而在社会环境中发挥其作用。

我们试想一例，孩子经历怒火中烧的瞬间，他们会觉得周围的环境不能迎合他们的期望。孩子不能拥有想要的东西；他们感到被人误解、虐待、排斥，或被某人或某事激怒；他们想要某人或某事当下立时在此地出现，却未能等到……社会环境非常重要，孩子的愤怒会随自己得到的反应而发生改变，孩子的愤怒情绪表达的形成，是以他们所见到的他人表现出的愤怒为样本，如尖叫、失控、抱怨、皱眉或暴跳如雷。成年人是孩子学习如何表达和解决情绪的榜样和引导。

蒙台梭利的理念引入了与当今世界完美接轨的教育学理论、心理学命题和科学研究。

关于情绪和社会环境，蒙台梭利的直觉与有关情绪发展及人脑功能的科学研究方向极为相似。我们的大脑是一个社会器官，为实现与他人的互动而发生进化。因此，作为遗传学的一部分，情绪过程的发展深受心智成长环境的影响。

情绪是我们在新生儿身上看到的那些早期生理和行为反应进化的产物。通过与成年人进行互动，婴儿的本能反应逐渐呈现出更加特质化的情绪状态；出生后的最初几周，幼儿的睡眠时间缩短，他们涉身世间的活动更加凸显。随着新生儿和外部事件之间的关系日渐加深，激活状态进一步发展。在这种情况下，情绪全面彰显，而社会反响，即环境对孩子的情绪表达做出的回应方式，决定了随后这些情绪的体验方式。

因此，自新生儿呱呱坠地那一刻起，成年人的角色就至关重要，这一点不足为奇。

情绪：一部说明手册

1. 一切源于成年人的认知

蒙台梭利写道："任何导致孩子身上出现困惑叛逆及无能为力的因素都来自成年人。正是成年人摧残了孩子的性格，压制了他们的活泼本能，又正是这个成年人努力纠正孩子的错误、他们的心理偏差、他们的性格阴暗面，而这些问题都是由该成年人引发。如果成年人没有意识到他们无意中犯下的错误，不愿意纠正自我，他们将不得不应对大量无法解决的问题。而一旦孩子们自己长大成人，他们会成为同样错误的受害者，这些错误将影响一代又一代。"

在蒙台梭利的愿景中，她给成年人布置了一项明确的任务：认同儿童整体的本来面貌，不带偏见，不评判儿童的行为、思想或感受。该认同的过程存在设定限制的可能性，这对于引导孩子的行为至关重要。怎样才能做到认同和限制兼而行之呢？如果我们的整体教育建立在强制胁迫、争夺权力及施加惩罚的基础上，以此方式传授长久借鉴的经验，我们怎能做到不去评判某种行为呢？

对于我们而言，这一问题不会自然而然地解决，极少数情况除外，因为通常情况下儿童的行为和情绪具有破坏性，冲动行事，夸大其词，难以掌控，而在处理这些行为和情绪时，我们看到了自己的个人经历。所以我们会被难题所困，进退两难，觉得自己完全没有出路，最终我们规避了问题本身。

怒气爆发，即使是低幼儿童的一次发作，也会令我们乱了方寸，让我们想起自己的童年，或是想起自己生气时的样子、我们在意的人生气时的样子。我们可能还记得自己绝望的尖叫声及讽刺挖苦我们的言辞，对此我们不堪其扰，不愿重提。

孩子恐惧的目光或是他们的呼救声，会将我们卷入他们惊恐的旋涡，使我们陷入他们对危险的认知中，对此我们可能无力掌控。被推入这样的境地，我们自己心生恐惧，我们自己需要寻求帮助，我们自己无力承担责任。如果我们过去受到伤害时，我们的母亲、父亲、祖母会插手介入，那么我们的视角就会转而成为他们的视角。

离别时痛苦的哭泣令我们心碎，让我们回想起过去时光中自己形单影只，见弃于人，甚或无人理睬，这些情况多年来一直困扰着我们。

就连沉浸于欣喜若狂之中也会让我们过往的经历浮现眼前，令我们羞愧汗颜，不确定哪些情绪为人认同，哪些情绪在道德和社会层面则不被认同。

我们再一次意识到，如果没有可以表达情绪的某种社会关系，情绪便无从谈起。在该种关系中，每一种情绪之中贯穿了其蕴意及其呈现形式，在感受情绪的环境基础上浑然自成。

因此，当我们与儿童交往时，必不可少地要获得一定程度的自我认知。我们必须认

识到，在回应孩子的情绪波动时我们自身有何变化。如果我们没有意识到孩子的情绪在我们身上产生的影响，我们的本能就会保护自己免受影响。我们会以保护自我的方式进行回应，如拒绝、评判或是回避。这些都会导致孩子的情绪表达毫无收效，他们便会独自一人陷入内心的混乱不安，无法识别领悟自己的情绪，无法面对情绪。当孩子带着情绪来到我们面前时，他们在寻求我们的帮助："请帮助我了解我出现的问题，厘清我的感受，明白自己如何才能摆脱。请帮助我控制好自己。"如果太过纠结于孩子的情绪，我们便无所助益。

以下问题可以帮助我们进行反思，形成自我认知，了解自己的个人经历中是否存在一些情绪或想法会干扰到我们与孩子的关系。

* 成为这个孩子的家长对我来说有何意义？
* 抚养和教育孩子的责任让我有何感受？
* 我是哪种类型的家长？我是否满意自己作为家长的表现？我是否想在某些方面有所改变？
* 按照0（从不）~5（经常）的等级划分，我对自己对待孩子的行为方式心生悔意达到哪种程度？
* 我的哪些行为和态度让我想到了自己的父母？当我意识到自己的行为与他们相似时，我有何感受？
* 我和父母之间如果有误解的话，哪些误解仍然无法取得我的谅解，让我饱受折磨？
* 如果我回忆孩提时代，我会如何描述自己？重温曾经的孩提时代，我有何感受？
* 我最不能容忍孩子身上的哪些行为？这些行为让我有何感受？这些行为让我想到什么？
* 感到愤怒或悲伤时，或者感到恐惧或羞愧时，我会有何表现？

2. 密码就是调谐

在物理学中，调谐是指调整发射设备和接收设备之间的频率。调谐意味着和谐一致，情绪也是如此。如果某种情绪状态找到了一个接收器，可以预留空间去解读和调节这种情绪，那么这种情绪就会与之协调一致。

为了营造和谐，在情绪显现时我们绝不能缺席。这就要求我们倾听情绪产生的话语和感受。这些声音和感受需要允许其存在展现的心理空间，否则它们依然难以辨识。我们必须为它们定性赋意。最后，我们需要亲身体验，从而帮助我们识别出可靠有效的策略，将这些声音精心谱写，汇编为乐章。

从实用角度来看，调谐意味着找到一种方法趋近儿童正在体验的情绪。那么，首先进行吐纳！吐纳几秒钟，必要时甚至还可以更久一些，打开肺部，放松胸部和肩膀，注意气流的出入。这一动作似乎无关紧要，却是必不可少的一环，吐纳帮助我们控制那些可能将我们带入过往的情绪。它能阻止我们套用自己的父母或老师曾回应我们的方式去回应孩子；它可以防止我们说出任何曾加诸于我们身上却毫无收效的不当言辞。这并不一定意味着我们父母的行为是错误的，很有可能情况恰恰相反。然而，我们必须给自己机会去思考自己那些源于过往的言行，要么予以接纳，要么有所改变。总的来说，我们需要知道自己要做什么，或是要说什么。

为了向孩子敞开我们的心扉，我们需要活在当下。如果我们做到心胸开阔，清理了

过往的印记,我们便能扪心自问,孩子当下在体验何种感受以致令他们尖叫、哭泣或是沉默?他们想通过这种行为传递何种信息?何种原因可能导致这一问题?我们必须表达出自己有兴致了解孩子当下的感受。这种兴致本身会让孩子感受到认同感,而这种认同会帮助孩子开始重新平衡自己的情绪。

神经科学告诉我们,对情绪需求做出合乎逻辑的反应往往不能满足要求。我们需要与孩子一起去理解和感受这种情绪,只有这样我们才能开启合乎逻辑的理性对话。一起感受情绪可以让孩子毫无顾忌地探究情绪。相反,孩子独自感受某种情绪会心生恐慌,难以自控,迫使他们采取对策帮助自己应付这种情况,而这些对策往往并不灵验。如果没有他人一起用心感受,孩子不得不自己面对情绪,这时它就会成为一只可怕的怪兽。

我们不应该仅仅诉诸逻辑,孩子们的要求往往毫无理性且难以实现,因此我们必须对其予以限制。我们必须体验他们的情绪,除此之外没有他路可行。举个例子,孩子发出尖叫声是因为他们想满足一个愿望,不惜一切代价,也许是他们想用一用另一个孩子的球,如果孩子处于青春期的话,还可能是想去参加一个聚会。我们的本能反应可能就是以下情况之一:"你的要求太过分""你凡事只为自己""你在使性子""你用不上这个""哭一哭事情就过去了""你让我感到难堪""你让我看起来像个失败的家长"等。让我们停下来,先做一做吐纳,吹走那些念头及自发反应。

相反,我们要想到表达愿望是一件多么重要的事!让我们对孩子说:"你是想告诉我,你非常想拥有这种体验,是吗?"或者"你是不是强烈地渴

望实现这种体验?"根据孩子的年龄和语言技能扩充对话的内容。接下来,我们可以补充说道:"接受不能做我们强烈渴望的事情这一现实,我知道做到这一点有时很难。这件事让你很恼火,对吗?"

现在,试一试提供解决方案,例如提议进行身体接触,如"我可以抱抱你吗?",或是换一个建议,如"或许用这个球,我们

也能玩得很开心!"还可以将孩子的注意力转移到其他事情上,如"你瞧,有一只小鸟来看我们了!"通过这种方式,我们悦纳倾听孩子的感受,对其定性,给予重视,借此进行调谐,与情绪和谐共行就会自然而然地实现。

在此我们就以下问题进行反思,提出建议,以期促进与孩子达成情绪调谐的目标。

* 我的孩子现在有何感受?他们呈现出何种体态、面容及呼吸状况?他们想和我交流什么?

* 这种情况对我的孩子意味着什么?

* 我的孩子现在有何需求?

* 如果我处在他们的年龄,在同样的情况下,我会作何表现?

* 考虑到他们的资源和年龄,尽管这种反应有些极端,但我的孩子已经尽了最大努力。

* 我的孩子的行为不能表明我作为父母的价值。

* 我的孩子的大脑与成年人不同。大脑不够成熟,因此会导致冲动的行为;它无法忍受挫败;它无法调控各种夸大其词的言行。我不该期望我的孩子能理解合乎逻辑的解释,或是根据这些解释来改变他们的行为。我需要给他们时间,让他们恢复平衡和平静的状态。

* 我的孩子和其他所有同龄孩子没区别。

* 我的孩子就是最好的自己;他们独一

无二,其他任何人都不能与他相提并论。

* 我们的关系会见证一些艰难的时刻,以及大量幸福的时刻。凡事都有积极的一面。

* 我希望我的孩子怎样表现?这种行为有何好处?我教孩子这样行事有何最佳方式?

* 今天我会保持冷静,不会做出冲动的反应,因为我想为我的孩子树立一个榜样。

这种方法肯定会劳形苦心,因为它需要成年人投入大量关注及精神和情绪能量。然而,最近的神经科学研究证实人际关系对孩子成长非常重要,说得更具体一些,研究强调,至关重要的是父母接纳孩子的情绪,顺应他们的需要而做出反应,这是一种激励,这提醒我们意识到这一点将大有裨益。这种方法开启了一扇大门,能提升孩子的社交、情绪、认知和身体能力。我们要更加努力,为随后取得的成果额手称庆!

补充指导书

情绪

情绪是大脑对外部和（或）内部刺激做出的反应，会暂时改变我们的身心平衡。情绪表达与可识别的特定身体反应具有关联性，例如姿势、目光、面容、语气、心跳、呼吸、出汗及皮肤颜色所发生的变化。

所有的情绪都非常重要，发挥着基础性作用，因此不应受到抑制。情绪的功能是将内部状态传达给他人，触发对环境的探究，推动对紧急情况做出相宜的反应。

有些情绪由我们的基因携带，为我们及其他哺乳动物共有，因为它们具有特定的进化功能。这些情绪被称为主要情绪，每种情绪都富有特定的含义和目的。

愤怒与未得到满足的需求或欲望有关，可能导致攻击性行为。

悲伤与被遗弃感、失去重要的事物或是遗失自我的某一部分有关。

幸福与满足某种欲望或需求有关。

恐惧反映了某种需求，保护自我免受威胁及保持个人诚信。

惊喜是一种转瞬即逝的情绪，是对始料未及的突发事件做出的反应。

厌恶是一种重要的情绪，可以帮助我们保护自己远离可能危害健康的情况，例如食用变质的食物，它与排斥感密切相关。

从主要情绪衍生出次要情绪，例如焦虑、羞愧、惊恐、痛苦、失望等，这些都需要我们进一步发展认知技能，例如，领受他人心态视角的能力、反思自己内在状态的能力、防止无意识反应的能力。

最初，新生儿体验的情绪状态具有共通性，莫名难解，并无明显特征。随着时间的

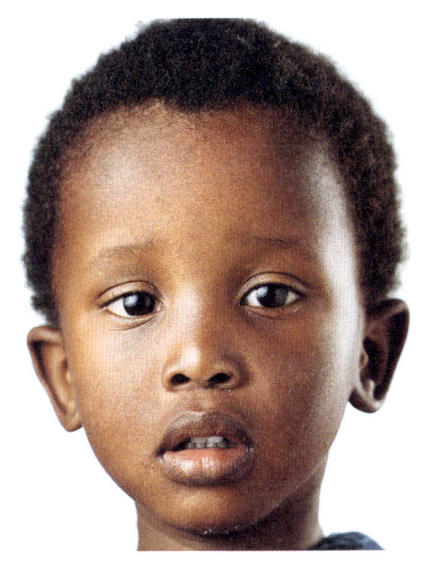
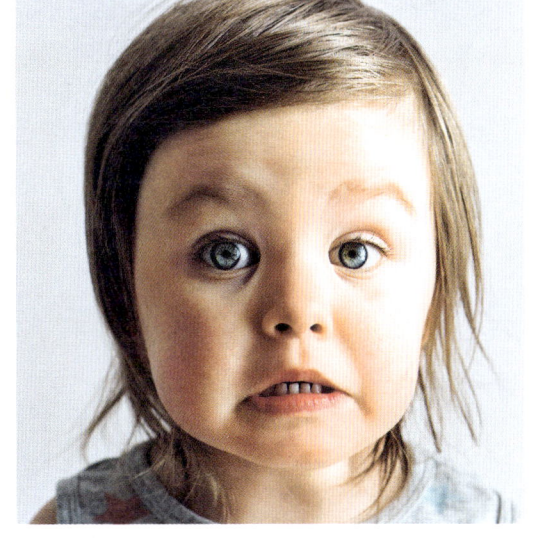

推移，孩子学会辨识自己做出的反应。情绪技能发展的最佳时期是 6~7 岁前。

出生后几个月内，新生儿呈现出消极和积极的情绪，如感兴趣、厌恶、震惊，主要是为了表达自己的需求，而不是为了与成年人建立联系。

第二阶段，大约 3 个月开始，孩子的情绪敏感度发展，表现出更明显的感知情绪；婴儿开始将注意力转向人、事、物。如突发事件导致惊喜之类的情绪，针对滞碍的反应则导致愤怒、恐惧之类的情绪。

9 个月后，随着认知情绪过程的进一步发展，孩子进一步认识了自我和周围环境。他们表现出害羞、羞愧和恐惧，这一点有助于他们成长。

2 岁开始，儿童学会根据社会规则表达自己的感受，他们可以夸大、淡化、隐藏和假装某些情绪状态。

最后，在学前阶段，孩子开始接触到规则、限制和禁令。在整个童年和青春期，他们获得了一系列规则、价值观，最终获得引导他们行为的原则。

了解情绪

认识情绪表达的特征是情绪学习的第一项基本步骤，其直接后果便是形成了自我控制的技能及领会他人情绪的能力，这些是培养同理心的必需条件。

下列活动旨在引导孩子迈出走进情绪世界的第一步，先从了解与各种情绪状态相关的面部表情特征入手。生气时眉毛会在什么位置？我们何时会感到悲伤？我们害怕时，嘴巴会现出何种形状？或者我们何时会感到厌恶？

这些活动可以分阶段进行，先完成建立情绪特征及进行识别的游戏，例如："哪张嘴表达愤怒？"再进行记忆练习，例如："这张嘴表达的是何种情绪？"最后使用不同的工作材料，借由训练孩子精细运动技能的触觉操作，让孩子以直接实用的方式探究情绪世界。

要进行模仿的是情绪卡片上面部特征所体现的情绪，这些可以在本书的结尾处所附材料中找到，将其裁剪下来，作为模型来研究面部特征。面部特征体现的情绪有欢乐、悲伤、愤怒、恐惧、惊讶、羞愧和厌恶。

用造型黏土复现情绪表达

活动材料

剪刀，彩色造型黏土，剪切和压平黏土的工具，情绪卡片。

活动目的

此项活动让孩子们有机会了解与情绪相关的各种面部表情，并通过将黏土塑造成不同的形状加以复现。

活动方案

首先,将本书结尾处的空白脸谱沿着轮廓剪下来。如果孩子达到可以使用剪刀的年龄,他们可以自行完成这一步。将情绪卡片摆放在孩子面前,一张叠一张。让孩子拿出一个,辨认它呈现的是哪种情绪,并进行提问:"图中的孩子是何种情绪?"将孩子的注意力引导到面部特征上,可以提问"眉毛是什么样的?嘴巴呢?鼻子呢?"

随后鼓励孩子用黏土复制这些面部元素,将其放在卡片的脸部,这样表情丰富的脸谱就完成了!

你也可以让孩子照着镜子,复现自己的表情,摸一摸自己的眉毛和嘴巴,研究其形状。

使用相同的黏土进行操作,每次都将其塑形为眉头放松或紧皱,嘴巴抿紧或张开等,它传递了源源不断的情绪信息。

对于大龄儿童,你可以将面部特征元素放在塑料板上面,开展同样的游戏。

让孩子通过自认为最佳的方式表达情绪,或许可以借由装饰脸谱表达情绪。例如,他们可以为积极的情绪脸谱添加五颜六色的形状,或为表达羞愧将脸颊涂红,甚至可以在头上添加千奇百怪的形状,以此表达强烈或消极的情绪。

情绪饼干

活动材料

半杯约合 300 克面粉，盐，两个鸡蛋，半杯约合 75 毫升葵花油，半杯约合 110 克甘蔗糖，一汤匙约合 15 毫升蜂蜜，饼干烘焙用具，凝胶食用色素，其他可食用的装饰物，情绪卡片。

难度等级:中  3岁以上  需成人监管

活动目的

此项活动适合能够操作厨房用具的大龄儿童。它鼓励孩子通过操作工作材料来学习面部表情。因为饼干的表面很小，此项活动有助于培养孩子的精细运动技能。又因为此项活动需要遵循一个按步骤进行的程序，所以它也有助于培养孩子的规划能力。

活动方案

首先，准备饼干。对孩子来说，制作饼干的活动趣味性强，极具吸引力。你可以随心所欲制作任何类型的饼干，只要外形是相对平整的圆形即可。

　　在此提供一个快捷简易的蜂蜜饼干食谱。鼓励孩子来帮忙，搅拌揉捏，把手插入面团，他们会乐在其中。

　　将烤箱预热至200°C。在一个大碗中，将面粉与少许盐混合在一起，再加入鸡蛋、油、糖和蜂蜜。搅拌各种食材，使之融合在

一起。将面团移至平整的台面揉捏紧实,再用擀面杖将其压平。用圆形刀具或杯子将面团切成直径7.5~10厘米的圆形。将它们放在未抹油的烤盘上,烘烤20分钟。从烤箱中取出饼干,充分冷却。

用凝胶食用色素和其他可食用装饰物来装饰饼干,重现情绪卡片上的面部表情,如嘴巴、眉毛、眼睛和鼻子的特征。

不管孩子想要怎样表达情绪,都允许他们自由装饰饼干,比如用五颜六色的小球、磨碎的坚果来制造"眼泪"或表达愤怒,还可以用鲜花、星星等。

情绪鸡蛋

⌒ 活动材料 ⌒

生鸡蛋，一口小锅，水，食用色素，一把小刷子。

活动目的

此项活动有助于孩子反思自己的情绪状态，进行重现，以解开心结。

活动方案

有时孩子吃不下饭，是因为他们的腹中已经填满了某些情绪，没有空间容纳食物。这种情况下，情绪鸡蛋便派上用场。

煮好鸡蛋，进行冷却，再将其放入盘中。准备几种可以在鸡蛋上使用的颜料：你可以选择成品食用色素，但最好是自己使用水果和蔬菜来制作颜料，你可以将欧芹和抹茶混合在一起，也可以将之捣碎，便可获得绿色颜料；用草莓或西红柿获得红色颜料，用紫黑色的醋栗或蓝莓获得紫色颜料，用橙子皮获得橙色颜料，用可可或咖啡获得棕色颜料，用姜黄或藏红花获得黄色颜料。如有必要，在颜料中混入点面粉，增加稠度。

让孩子深吸一口气，闭上眼睛，问一问自己的肚子："你有何感觉？"再让孩子用食用色素和画笔，在鸡蛋上画出他们正在体验的情绪。询问他们完成后的感受，随后如果有了兴致，他们就可以继续下去，把鸡蛋吃掉，从而在自己的情绪中获得令人愉悦的营养。

用水果和蔬菜表达情绪

活动材料

水果和蔬菜,如香蕉、苹果、胡萝卜、橙子、辣椒等,一把小刀,几个碗,一个盘子或托盘,情绪卡片。

活动目的

此项活动不仅可以训练精细运动技能,鼓励孩子去推敲情绪表达,还让孩子得以熟悉食物的营养特性及美学特质。

活动方案

因为此项活动涉及食品,所以最好在一个盘子或托盘上进行,这样水果和蔬菜随后可以食用或用于烹煮。

　　与孩子一起选择几种不同的水果和蔬菜。将水果和蔬菜切制成形，如圆形、楔形、半月形等；孩子达到可以操作刀具的年龄的话，他们可以帮忙切制成品，将切好的水果和蔬菜片放入干净的碗中。用干净的盘子或托盘作为工作台，摆放水果和蔬菜，重现情绪卡片上的表情。

　　在此提供一些制作脸谱的建议，可以用香蕉或胡萝卜圆片制作眼睛，用蓝莓作眼珠。苹果皮的用途广泛，可用于制作不同的口型。橙色的楔形片可以代表微笑，一条细细的辣椒圈也可以用来制作嘴巴。半月形洋葱片可用来制作嘴巴和眉毛。草莓片可能看起来像是尴尬的脸颊。半个杏子可以用来制作表示惊讶的嘴巴。苹果或西瓜籽可以用来制作眼泪。

情绪石头

活动材料

28 块表面光滑的石头（直径为 5～10 厘米），情绪卡片，马克笔，一个盘子，七张纸，小一点的石头和鹅卵石用于制作细节表情及进行装饰。

活动目的

此项活动帮助孩子学习如何识别某种情绪的面部特征。

活动方案

该活动从寻找石头入手，这是与你的孩子在大自然中共度时光的好机会。帮助孩子清洗石头，清理所有的污垢。

选出四块石头和一张情绪卡片。使用马克笔，在石头上重现卡片上的面部特征，在第一块石头上画上一只眼睛和一条眉毛，第二块石头上画出另一只眼睛和眉毛，第三块石头上画上鼻子，第四块石头上画上嘴巴。在这四块石头的背面都画上一个相同的符号，例如一个彩色圆点，这会帮助孩子识别哪些特征随后要组合在一起。用剩下的大石头重复上述操作，总共完成七组，每组代表卡片上的某种情绪。

将盘子放在一张纸上。以盘子为参照，画一个足以容纳四块石头的大圆圈。用其他六张纸重复该操作。

把石头放在孩子面前，画面朝上。让孩子挑一块石头，再让他们寻找构成脸谱的所有其他特征。孩子选择了四块石头后，把这些石头排放在一张纸上，然后问一问孩子："这张脸表达的是何种情绪？"再将石头翻过来，检查符号，验证该匹配是否正确。如有必要，让孩子装饰脸谱，例如放上红色的石头作为脸颊，或是放上鹅卵石代表眼泪。余下的其他情绪重复上述操作。

一旦孩子熟悉了此项活动，就让他们根据一个脸部特征识别某种情绪。例如，"这个抿紧的嘴巴表达了何种情绪？紧皱的双眉呢？那个皱巴巴的鼻子呢？"诸如此类。

脸部和身体传递的情绪

⸺ 活动材料 ⸺

本书结尾处所附的情绪卡片。

活动目的

此项活动将情绪表达的研究延伸到整个人体，这样孩子就明白了不同身体姿势和动作与每种情绪状态的对应关系。孩子要学习将面部表情与身体语言进行匹配。

活动方案

将卡片在孩子面前摆成一排，图画朝上，让孩子一次描述一张卡片："你在这张图中看到了什么？这个人在表达何种情绪？"随后让孩子选择一张卡片，寻找与之相匹配的卡片，可能是脸部，也可能是身体。例如，如果第一张卡片是一张脸谱，问一问孩子："哪种身体语言表达了同样的情绪？"

最后，将卡片再次排成一排，选择一种情绪，再问一问孩子："表达××情绪的面部表情和身体语言是什么？"孩子必须找到与该种情绪对应的脸谱及身体卡片。卡片边框涂有颜色，同一种情绪同一种颜色，他们能够借此验证配对是否正确。

欢乐：脸上带着微笑，眼睛睁开，嘴部带有笑意，双臂和手展开，身体蹦蹦跳跳。

悲伤：嘴巴下垂，双眼流泪，眉头紧皱，身体蜷曲，双臂放在两侧，双肩弓起……

愤怒：嘴巴大张，露出牙齿，双眼瞪着，眉头紧皱，鼻孔张大，身体紧绷，双手握拳，双腿僵直，胸部挺起……

恐惧：眼睛睁大，嘴部在叫喊，双腿战栗，双手颤抖。

惊讶：嘴巴张成O形，双眼圆睁，双手捧脸，或是双手面向观众摊开，双肩耸起，身体静止不动。

羞愧：脸部潮红，目光下视，嘴唇噘起，身体的双肩部位下沉，双臂交叉放在胸前，双腿交叉，双手交叠。

厌恶：双眼紧闭，鼻子皱起，舌头吐出，身体的双肩部位紧绷下沉，双手绷紧摊开。

应对情绪

一旦孩子学会了识别白天影响他们的基本情绪[1]，他们就必须学习帮助他们调节这些情绪的策略。学会控制情绪不可或缺；当孩子接纳出现的负面情绪感受而不会心生畏惧时，他们就会感到自己有能力识别和应对这些负面情绪。

自然，成年人要本着认同的态度，怀有同理心去对待孩子的需求，他们的角色在接下来介绍的这些活动中是不能替代的。

这些活动并不意味着成年人免于承担与孩子和谐相处的任务，因为这一任务仍然是成年人的亲缘关系的重要内容。当孩子必须应对高度情绪化的时刻，当他们别无他法实现与他人建立联系、进行交谈及获得帮助时，这些活动往往可供孩子选择性地进行重新练习。它们可以让孩子清空自己心中愤怒的念头，集中注意力，卸下情绪的负荷，这能引导孩子回到承受力更强的状态；通过解释自己的感受及愤怒的原因，他们能准备好与成年人沟通联系，他们会抱着更加开放的心态，接受全新的可替代解决方案。

可以在孩子房间的一角，存放几样下述活动的工作材料，这样就可以在紧急情况下派上用场，孩子也可以轻松地获得工具帮助自己应对情绪。伴随着他们的成长，孩子将能够内化这些实践活动，在需要恢复心平气和状态时进行这些活动。

1　基本情绪（basic emotion）是由情绪心理学家保罗·艾克曼（Paul Ekman）在达尔文进化论的基础上提出的理论，认为人类为了更好地生存和繁衍，发展出了六种基本情绪，分别是欢乐、恐惧、悲伤、愤怒、惊奇和厌恶。当环境中存在好处或者威胁的时候，这些基本情绪会促使人类快速地识别到外界的信息并立即采取相应行动。

平心静气瓶

活动材料

一个带盖的透明广口瓶（瓶子最好小一点，这样孩子可以轻松抓握），温水，两汤匙闪光胶，一滴食用色素，一滴洗发水或某种透明液体皂，四汤匙大小各异、五颜六色的金葱粉，热胶或乙烯基胶。

活动目的

此项活动教会孩子如何集中注意力，保持专注力，帮助他们重新实现自我掌控情绪的体验。例如，在他们激动或生气的时候，他们就可以通过此项活动完全自主地恢复到心平气和的状态。

活动方案

与孩子一起准备用于平静心绪的广口瓶。选择胶和闪光饰物的颜色。广口瓶内注入一半温水。加入闪光胶，混合在一起。添加食用色素和洗发水。最后，倒入金葱粉，盖上广口瓶。如有必要，你可以多加些水，但一定要在液体和盖子之间留出约4厘米高的空间，这样金葱粉可以晃动。你可以用热胶或乙烯基胶密封广口瓶，以增加安全性。用于平静心绪的广口瓶现在完成了。

让孩子猛力摇晃，随后一起观察金葱粉如何慢慢落到瓶底，与胶水混融。不要仓促行事，耐心观察，直到最后一片金葱粉触及瓶底。孩子被瓶中的运动所吸引，

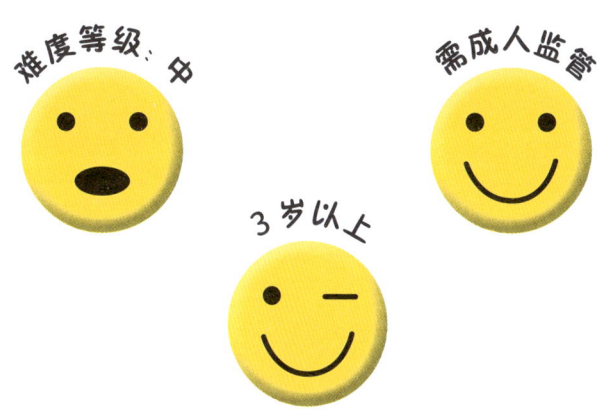

凝神关注，这一点非常重要。之后让孩子重复这一动作，这次在摇晃瓶子时长吸一口气，再在金葱粉下沉时缓慢呼气。重复该活动三次。

如果是4岁以上的孩子，你可以加入一个想象内容，让孩子在呼吸时想象金葱粉进入他们的大脑，为其着色，然后金葱粉缓慢下沉，经过他们的头部和胸部，到达他们的腹部。再问一问，"现在你的心是蓝色的，也就是瓶中混合物的颜色，你有何感觉？"每次孩子感到烦躁或生气，需要平静下来时，他们都可以使用这个广口瓶。

破坏再重建

~∽ **活动材料** ∽~

各种尺寸的建筑积木。

难度等级：中 　　4岁以上 　　需成人监管

活动目的

此项活动适合大龄儿童，帮助他们应对因事情未能如其所愿发展而激起怒气的情况。

活动方案

有时事情的发展未能如我们所愿，有时我们需要摧毁事物才能进行重建。此项活动可以帮助孩子构想这种体验。让孩子用至少30块积木，尽可能高地搭建自己的高塔，将一块叠放在另一块的顶部。此项活动应该坐在地板上、垫子上或是地毯上完成。

搭建

高塔搭建好后,提议孩子悠长地吐纳三次,随后用他们的手指将塔推倒。一旦塔被摧毁,建造新物的时机就到了,告诉孩子:"现在我们已经把小小的失败抛在脑后,我们可以一起进行重建!用这些积木随心所欲地搭建任何东西。"孩子可以盖一座房子、一座城堡,造一棵树、一只动物……当下不管他们有何种感觉皆适时应务。

破坏

重建

69

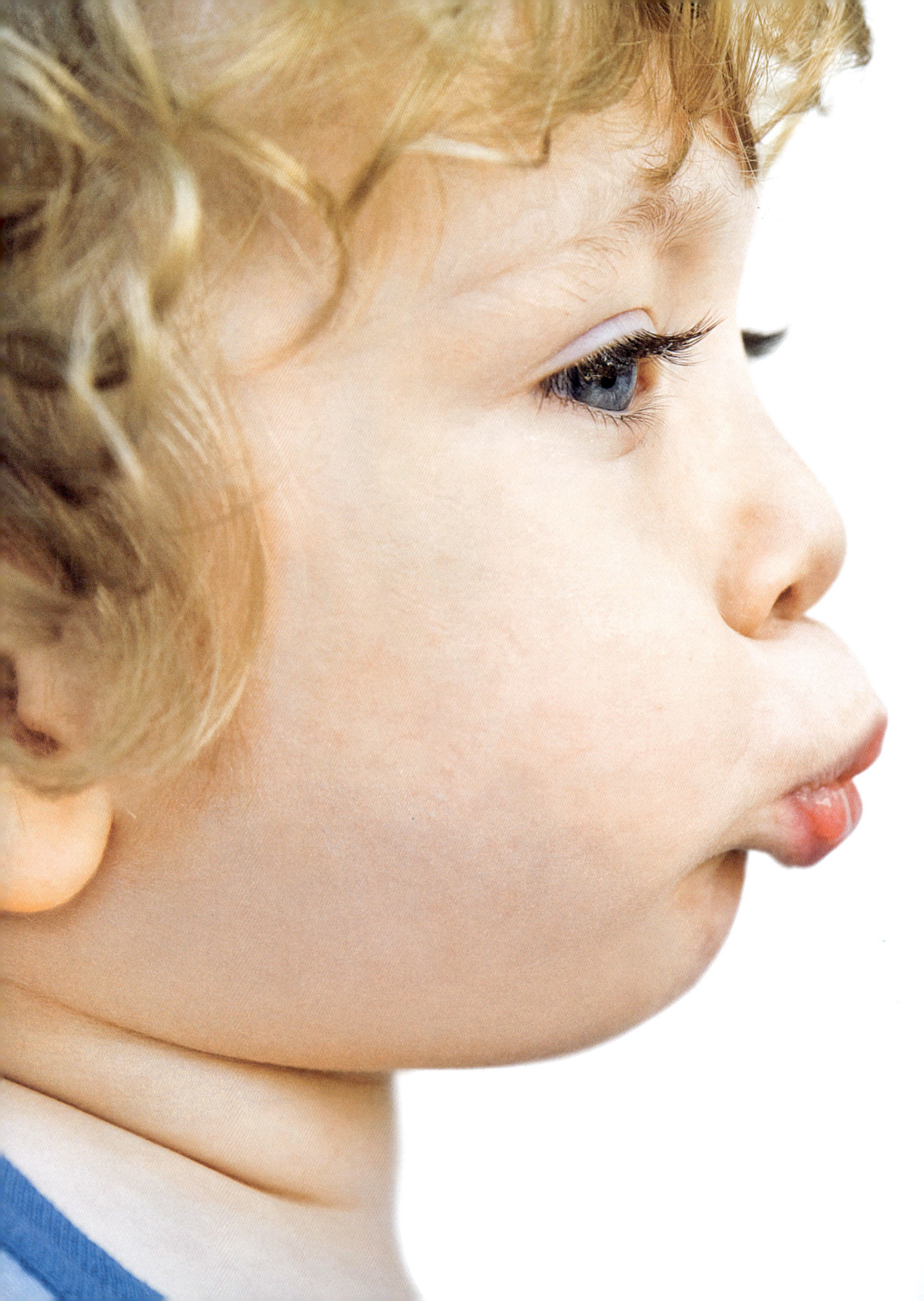

吹走愤怒

活动材料

10 张纸杯蛋糕纸，或 10 个纸杯。

活动目的

此项活动帮助低龄儿童应对愤怒或紧张的情绪，进行释放。

活动方案

将纸杯蛋糕纸或纸杯底部朝上堆叠起来，建造一座塔。随后让孩子尽可能最大程度吸气，然后将塔吹倒摧毁，告诉他们："现在吹走你的愤怒！"重复该活动几次，直到孩子感觉变得轻松、玩得开心为止。

此时，你可以让孩子观察一下，他们面对自己的愤怒时应对得多么成功；内心没有愤怒的情况下，他们的身体感觉有何不同；在应对紧张的情绪时，他们的呼吸如何成功助力。

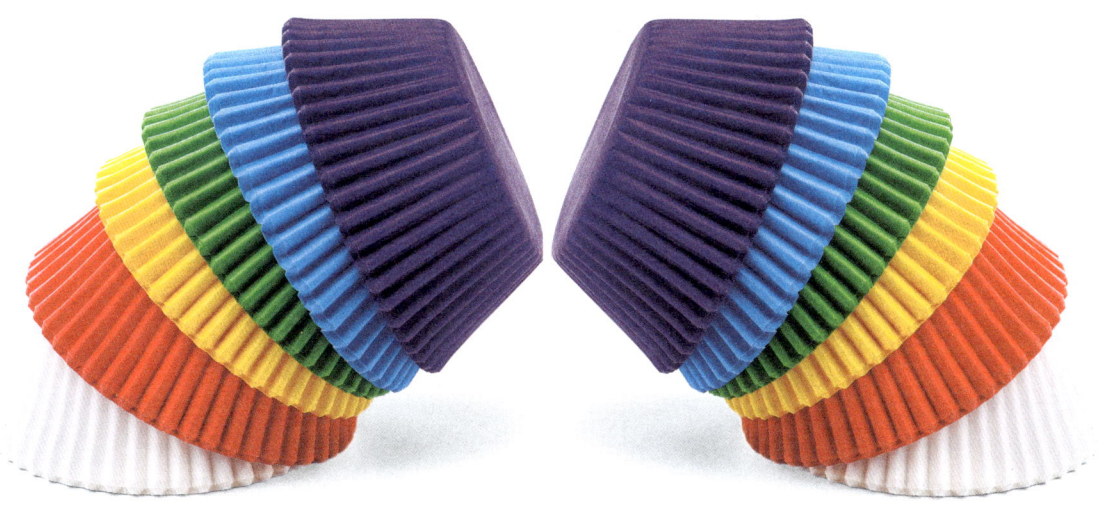

揉捏愤怒

☙ 活动材料 ☙

彩色造型黏土,或者面粉加水,一个容器。

活动目的

此项活动低龄儿童也可进行，帮助他们用自己的身体来释放情绪。可以在晚上尝试这项活动，以释放白天累积的紧张情绪，还可以在某次发生冲突后或情绪紧张之时进行尝试。

活动方案

在孩子的房间里，把造型黏土放在平整的工作台上。鼓励孩子揉捏黏土，用手大力挤压，伴随着动作作绵长的呼吸。让孩子把手插入黏土中，直到将其塑形为一块又大又平的"地毯"。接下来，鼓励孩子化身为"飓风"，把"地毯"扯成碎片，然后投入一个容器内。

让孩子注意自己的感觉及身体的感受，接下来提出这个问题："从0到10，你现在的愤怒强度是何等级？"鼓励他们重复此项活动，直到愤怒消失殆尽。

你可以用面粉变更此项活动内容。你只需要在一个容器里将几杯面粉与水进行混合，再让孩子揉捏。如有必要，向他们演示如何操作。让孩子把手插入面团，进

行碾轧,手部用力挤压再放松,重复规律性的动作。时不时地让孩子停下来进行三次绵长的呼吸,再开始揉捏。当孩子觉得自己的怒火业已消散时,他们就可以把面团做成他们想要的形状。

羞愧面具

活动材料

本书结尾处所附的动物面具，剪刀，麻线。

活动目的

此项活动为孩子提供了一种策略——可以在感到羞愧时把自己的脸隐藏起来，不让他人看到，从而获得安全感。

活动方案

　　剪下面具，在两耳旁位置开孔，穿入麻线。在你的监管下，孩子可以参与此过程。让孩子告诉你他们感到羞愧的一次经历。当他们想到该经历时，让他们给自己的羞愧程度划分级别（0~10）。随后让他们戴上其中一个面具，重新讲述该次经历。询问孩子他们的感觉是否发生变化，他们注意到自己的羞愧感有所减轻了吗？最后，假装面具上的主角就是造成羞愧事件的主人公，于是孩子发现了事件中有趣的一面。

安全毯

难度等级：可 3岁以上 需成人监督

∽ 活动材料 ∾

具有情感意义的旧衣物和一些质地舒适的面料，胶水或一根针线，一块毯子（大小不限），儿童喜欢的各种图像（例如杂志剪报、图片等），可供选用的香水。

活动目的

此项活动让孩子重新获得受人保护、舒适安全的感觉，在心生恐惧的情况下，例如黑暗带来恐惧，或是升起可怕的念头，害怕分离，或害怕面对其他小朋友时，这种感觉大有裨益。制作毯子是一项极好的培养孩子精细运动技能的锻炼形式。活动本身可以成为应对恐惧的有力工具，因此可以在孩子畏惧惊恐的时刻进行此项活动，以消除恐惧。

活动方案

与孩子一起选择质地舒适的面料,如天鹅绒、羊毛、缎子或丝绸,以及富有情感意义的旧衣物,如父母的一件衣服。将面料和衣物剪碎,粘在毯子上,以不同的方式进行固定。如果你愿意,并且孩子的年龄达到5岁以上,孩子可以将剪下的碎片缝在毯子上。胶水一经风干,便将毯子翻个面,铺在地板上。在未处理的一面,让孩子粘上能给他们带来舒适安全感的图像,例如印有可爱的图片、重要照片之类的杂志剪报。最后,如有必要,你可以给毯子喷一些孩子喜爱的香水。

在孩子感到恐惧时,提议他们拿起这块安全毯,把自己裹在里面,做深呼吸。提议他们摸一摸面料碎片,同时进行吐纳。接着让他们看一看图像,想一想留在毯中就会平安无事。

制作欢乐板

活动材料

带给孩子欢乐及感官愉悦的物品（例如家人合影、欢乐时刻的照片、彩色丝带、铃铛、鲜花、贝壳、闪光饰物），木工胶，一块木板。

活动方案

首先，你和孩子应该想一想有哪些能够带来欢乐的影像、材料和其他物品，然后将这些物品收集起来，鼓励孩子将其粘在木板上。最终这块木板会成为一件色彩丰富且个性化的作品，在孩子寻求积极快乐的感觉时，他们可以借此重温。

活动目的

此项活动邀请孩子仔细查看带给他们欢乐的物品，倾听他们自我的情绪，在训练他们的精细运动技能的同时让他们尽享欢乐。

制作平心静气板

活动材料

令人感官愉悦的物品，为孩子带来宁静感的物品，一块木板，木工胶。

物品或图像。你还可以加入一些简单的手工活动，帮助孩子平静心绪并鼓励他们集中注意力，例如给纽扣锁扣眼、系鞋带、开合拉链或按纽扣。

接下来，与孩子一起收集这些物品，将它们或其中的一部分粘在木板上。

最后的成果就是一块汇集多种个性元素的木板，当孩子需要平静心绪、放松头脑时，这块平心静气板便能派上用场。

活动目的

此项活动帮助孩子发现让他们平心静气的物品，鼓励孩子倾听自我的感受。在情绪紧张、焦虑不安及坐卧不宁的时刻，此项活动对平静心绪大有裨益。此项活动也很好地训练了孩子的精细运动技能。

活动方案

首先，你和孩子应该想一想有哪些具有令自身放松效果的图像、物品、声音、气味和触感，例如你们的家庭合影、开心时刻的照片；五颜六色的丝带、小铃铛、闪光饰物；在自然界中发现的物品，例如鲜花、贝壳和树叶；以及具有情感意义的

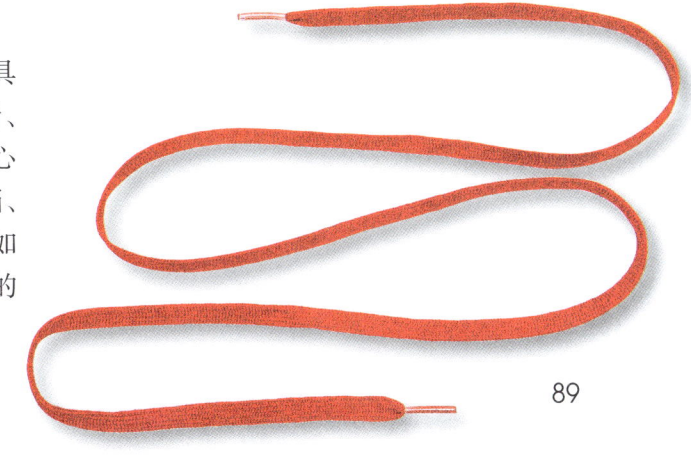

制作厌憎黏液

◦◦◦ **活动材料** ◦◦◦

一个小平底锅，一个耐热碗，一杯玉米淀粉约合 130 克，一茶匙食用色素。

活动目的

此项活动通过制作类似面团稠度的黏液来引发厌憎的情绪反应。用黏液进行游戏，可以帮助孩子了解厌恶的感觉及自己对其产生的反应。

活动方案

将一杯水（约 250 毫升）倒入锅中，在炉子上加热至几近沸点。再将水倒入碗中，少量多次地添加玉米淀粉。搅拌至混合物呈黏稠状，加入食用色素。将混合物移至工作台上，让孩子进行揉捏。

这种黏液只含有天然成分，可能不如商店买的黏液黏稠，不过对儿童来说更安全、更健康。在孩子揉捏黏液时，问一问他们："你有何感觉？"你和孩子可以一起设计故事，以黏液为主人公，也许它是一个黏糊糊的小精灵，还可以给家庭其他成员"上"一盘厌憎黏液，测试一下他们的厌恶感。

踩踏悲伤

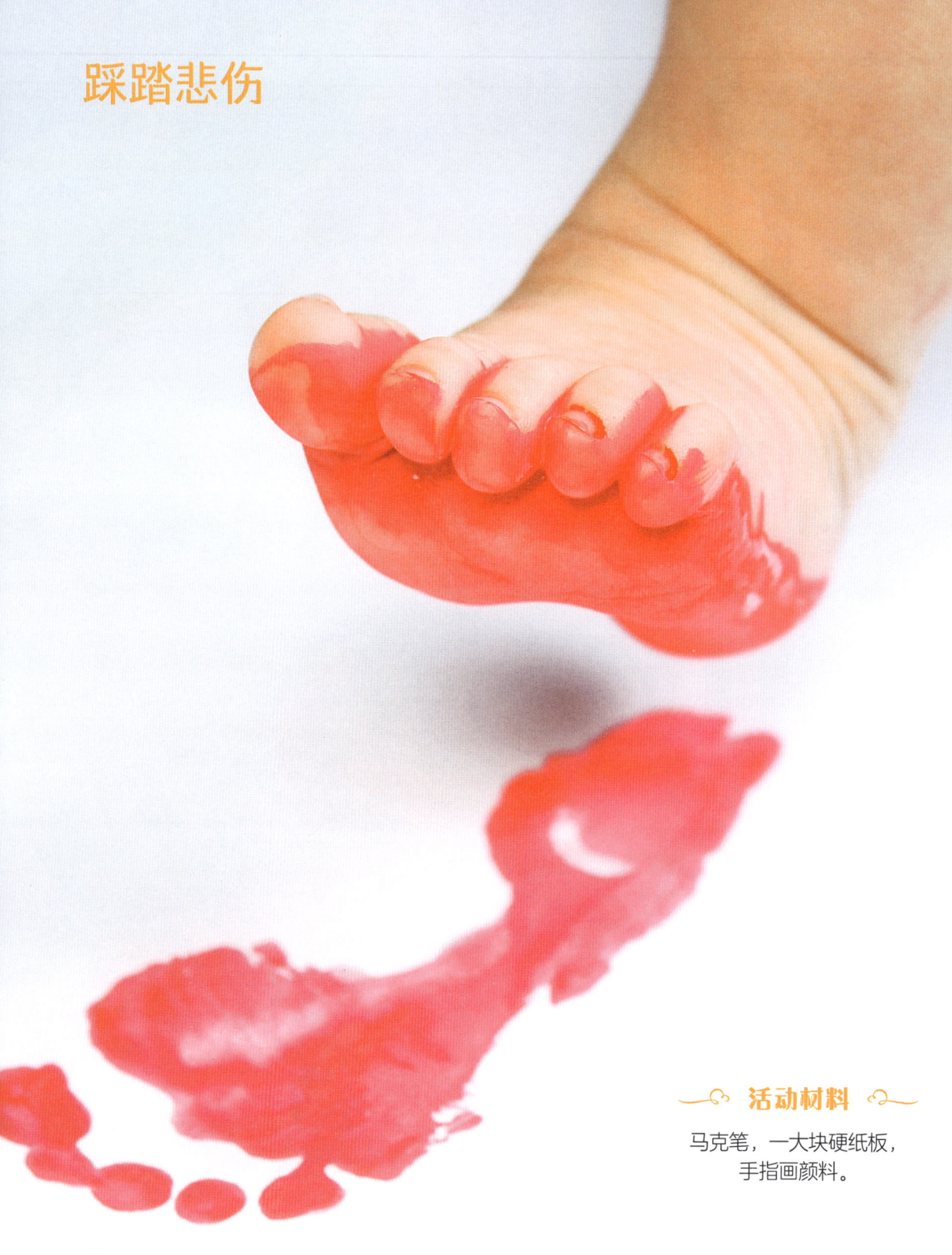

> 活动材料

马克笔，一大块硬纸板，手指画颜料。

难度等级：中

4岁以上

需成人监督

活动目的

当孩子产生消极想法，因此感到沮丧或忧郁时，可以进行此项活动。让孩子学会毫不畏惧地体验悲伤，摆脱负面情绪。

活动方案

用马克笔在纸板上画六个不同颜色的大圈。将硬纸板放在地上，让孩子坐在硬纸板前方的椅子上。在孩子的脚底涂上他们喜欢的某种颜色，让他们用脚板来绘画。

让孩子走入第一个圆圈，让他们说一说自己感受到的是何种负面情绪。接下来，让他们想象一下将负面情绪甩在第一个圈内，同时跳入下一个圆圈。当孩子处于第二个圈内时，问一问他们："现在你跳入了一个全新的圈内，你有何感觉？"问一下他们存有的其他消极的念头或感觉，鼓励他们将之甩在第二个圈内，同时跳入下一个圈中，以此类推。一旦孩子跳过所有的圆圈，问一问他们看到圆圈内留下的悲伤足迹时有何感受。

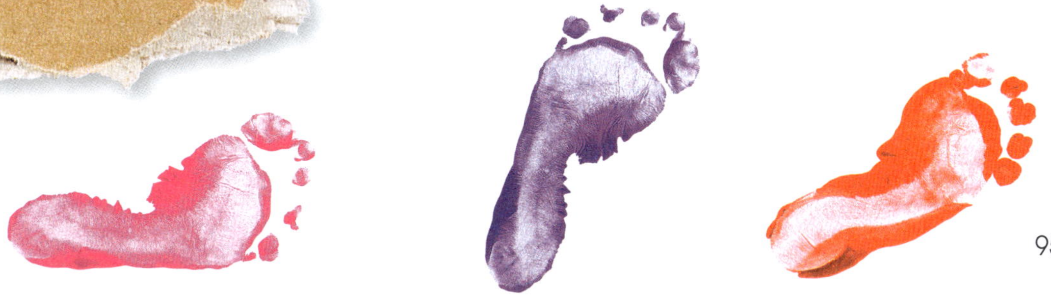

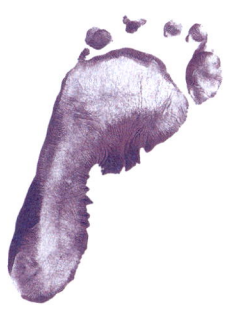
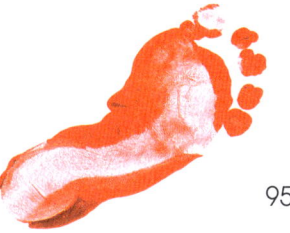

压力球：通过双手释放愤怒的小气球

∽ **活动材料** ∾

面粉、面包屑、沙子或造型黏土，彩色小气球，小瓶子（选用），装饰用品。

活动目的

当孩子感到紧张或愤怒时,压力球大有裨益;它能帮助他们释放负面情绪,防止这些情绪变得一发不可收拾。

活动方案

和孩子一起用面粉填充气球,或使用其他类似面团的材料,如面包屑、沙子或造型黏土。

要想简化这一步操作,你可以先把面粉装入一个小瓶内,再将气球开口包在瓶口上,往气球里灌入面粉。将开口处打结扎紧气球。鼓励孩子装饰压力球,例如,他们可以在球上画一张脸谱,再将纱线粘在头顶位置,这样看上去就像长了头发。

让孩子用手操作,对压力球进行挤压、抛接。

让孩子长吸一口气,同时挤压压力球,再在松手时吐气。三次呼吸后,问一问孩子手部肌肉有何感觉。

这样做有助于孩子知晓自己的身体在呼吸和持球时发生了哪些变化。

告诉孩子,当他们感到紧张或愤怒,想挥舞拳头、打耳光,或以其他动手方式来释放情绪时,都可以重复进行此项活动。

提供情绪策略的立方体

活动材料

本书的结尾处所附的四个立方体，剪刀，胶水。

活动目的

此项活动提供了一种简单易行的方法，就应对不受控制的情绪的相关行为和策略，与孩子开启讨论。孩子可以随身携带这些立方体，提醒自己，家长不在身边时应如何面对愤怒、悲伤、恐惧或羞愧的时刻。

活动方案

根据结尾处页面所注的说明，裁下立方体，用胶水黏合接缝。每个立方体都关联着某种情绪，红色立方体代表愤怒，蓝色的代表悲伤，绿色的代表恐惧，黄色的代表羞愧。立方体的每个面都提议了某一种应对行为，供情绪失控时予以采纳。

与孩子一起逐个研究立方体诸面，解释每一种行为。让孩子想一想，自己感受到愤怒、悲伤、恐惧或羞愧这四种情绪的其中一种时的情形。再让孩子抛出相应的立方体，看一看该立方体落地后哪面朝上。与孩子讨论一下，根据他们的情况是否可以采纳朝上那面所提议的行为。随后继续转至另外一种情形，重复进行练习。

扩大控制情绪策略的范围可以拓展此项活动：你可以多制作一些立方体，与孩子一起决定哪些行为应该予以说明。对于大龄儿童，你可以在立方体上写一些词语或句子，孩子体验难以应对的情绪时，可以复诵这些词语或句子。

玩偶是消解情绪的朋友

难度等级：高　　4 岁以上　　需成人监管

活动材料

用旧 T 恤或床单之类的织物做两个圆，各自的直径约为 20 厘米；其他颜色的两块织物圆形片，各自的直径约为 40 厘米；一根针和一根线；松散的棉布或其他柔软的织物；装饰用品，如胶水、纽扣、马克笔、纱线、绒球；可以选用香水。

活动目的

我们感到灰心、脆弱、受伤、挫败或愤怒时，去找一个我们能倾诉情绪的人，或一个让我们感受到认同感的人，与其分享，这样做大有裨益。然而，我们并非总能找到这样的人。玩偶可以代替这个人，帮助孩子感受到自己被倾听。成年人不在身边时，孩子可以随身携带玩偶，与玩偶分享自己的感受。制作玩偶可以训练孩子的精细运动技能，尤其是孩子达到了能够缝纫的年龄的话。

活动方案

互联网上有很多教程演示如何制作漂亮的织物玩偶。在此我们提供一种快捷易行的、取材于儿童画作来制作柔软圆形玩偶的方法。

将小一点的两块织物圆形片堆叠起来，边缘对齐，用马克笔沿圆周画一串小点。沿着圆点缝合织物的边缘，留下一个小小的开口。如果孩子达到了能够缝纫的年龄，他们可以完成这一步，最终缝制出一个小袋。用棉花填充小袋，再缝合或黏合开口处。这就是玩偶的头部。用大一点的织物圆形片重复上述过程来制作身体。

　　与孩子一起装饰玩偶的脸部和身体。眼睛非常重要,一定要大一些。你可以画出眼睛,可以粘上鼓鼓的眼睛,还可以缝上纽扣作眼睛。画出鼻子、嘴巴和耳朵。用纱线制作头发。随孩子的喜好装饰身体,比如给它着色或缀上纽扣。将绒球粘在玩偶的手脚部位。

　　最后,将玩偶的头部和身体黏合或缝合在一起。如有必要,可以加几滴孩子喜欢的香水。让孩子为玩偶取名字,想象一下玩偶的性格,这样就会更真实。把玩偶的名字写在它身体的某一处。让玩偶成为孩子日常生活中不可或缺的一部分。鼓励孩子与玩偶谈一谈遇到的困难,在他们受到情绪困扰时抱一抱玩偶。

情绪
收纳篮

难度等级：低　　4岁以上　　需成人监督

活动材料

纸张，铅笔或马克笔，小篮子或带盖的罐子、小盒子。

活动目的

此项活动教会孩子识别情绪，将其写下来或画出来，进行分享，从而接受和体验自己的情绪。

活动方案

让孩子回忆出现特定情绪那一天的情景，鼓励他们用纸和铅笔写下来或画出来。你可以帮助孩子，写出或画出令人光火的一场争论、带给他们快乐的一次成功或一个悲伤的时刻。随后，让孩子将纸张折叠起来，放入篮中。

你还可以为孩子制作一个收纳最强烈、最痛苦情绪的篮子,孩子可以用它作为工具,更加充分地理解这些情绪,从而平静心绪。

为坛城[1] 着色

1 坛城（Mandala），梵文的音译是"曼陀罗"，源于古代印度的密宗修法活动，用于防止魔众的入侵，是在一个圆形或者方形的土坛上绘出本尊神及眷属众神聚居处的模型缩影。画坛城之前，僧人先用白石灰在地板上铺呈出一些呈几何形纵横交错的八宝格作为基准线，再沿基准线填放不同颜色的沙子，形成藏传佛教艺术中震撼人心灵的艺术形式——沙画坛城。

难度等级：低　　3岁以上　　需成人监督

活动材料

本书结尾处所附的黑白坛城图，着色用品（例如蜡笔、马克笔、水彩、颜料）。笔、水彩、颜料和蜡笔，孩子可以根据自己的心境加以选择。

活动目的

此项活动有助于集中注意力和放松精神。

活动方案

着色无疑是一种有助于专注、放松和内省的最佳活动。用铅笔或画刷在纸上着力，有利于释放紧张的情绪；颜色选择有助于情感表达；长时间进行着色可以让思想安驻在当下，此项活动能应对不同的情绪状态。

当孩子特别兴奋，需要恢复情绪平衡状态时，你可以将该活动推荐给孩子。例如，在激烈的体育运动之后，你可以提议进行着色，以便在睡前平静心绪。

或者，当孩子感到焦虑或担忧时，为坛城着色有助于抑制他们头脑中的消极观点。

当他们愤怒或悲伤时，它甚至可以帮助他们冷静下来，因为选择明亮的颜色会将他们的注意力引向积极的形象。

让孩子从本书结尾处所附的多个坛城图中选择一个进行着色，他们会根据自己的情绪状态自然而然地做出选择。

提供不同类型的着色用品，例如马克

将以下图形材料裁剪下来,可供完成本书提及的相应活动。

* 用于造型黏土活动的脸谱(第 40~43 页)
* 用于本书多种活动的 14 张情绪卡片
* 用于处理羞愧情绪的活动的 6 个动物面具(第 78~81 页)
* 用于情绪策略活动的 4 个立方体(第 98~99 页)
* 用于坛城着色活动的 9 幅图画(第 108~109 页)

造型黏土活动的脸谱（第40～43页的活动）

情绪卡片
（用于本书多种活动，特别是第 58~59 页的活动）

以下卡片有助于孩子识别面部和身体传递的情绪表达内容。

看一看每张卡片中的身体特征，观察不同身体部位所在的位置。手臂是否贴近身体？是否伸展开来？是否举起？双手是否张开？是否握成拳头？是否掌心朝向脸部？肩膀的位置呢？耸着肩？还是双肩放松？双腿是否并拢？做跑姿准备？或是做跳姿准备？试一试重现不同的身体姿势，例如手臂处于某个位置时，你在表达何种情绪？现在对脸部也进行同样的操作。眼睛、嘴巴、鼻子和眉毛呈现何种状态？当你的鼻子、嘴巴或眉毛处于某个位置时，你在表达何种情绪？最后，将面部与身体的相应情绪表达进行匹配。卡片边框的颜色就是提示：欢乐卡片是粉红色的，悲伤卡片是蓝色的，愤怒卡片是红色的，恐惧卡片是绿色的，惊讶卡片是橙色的，羞愧卡片是黄色的，厌恶卡片是紫色的。

欢乐

悲伤

愤怒

恐惧

惊讶

羞愧

厌恶

羞愧面具（第78~81页的活动）

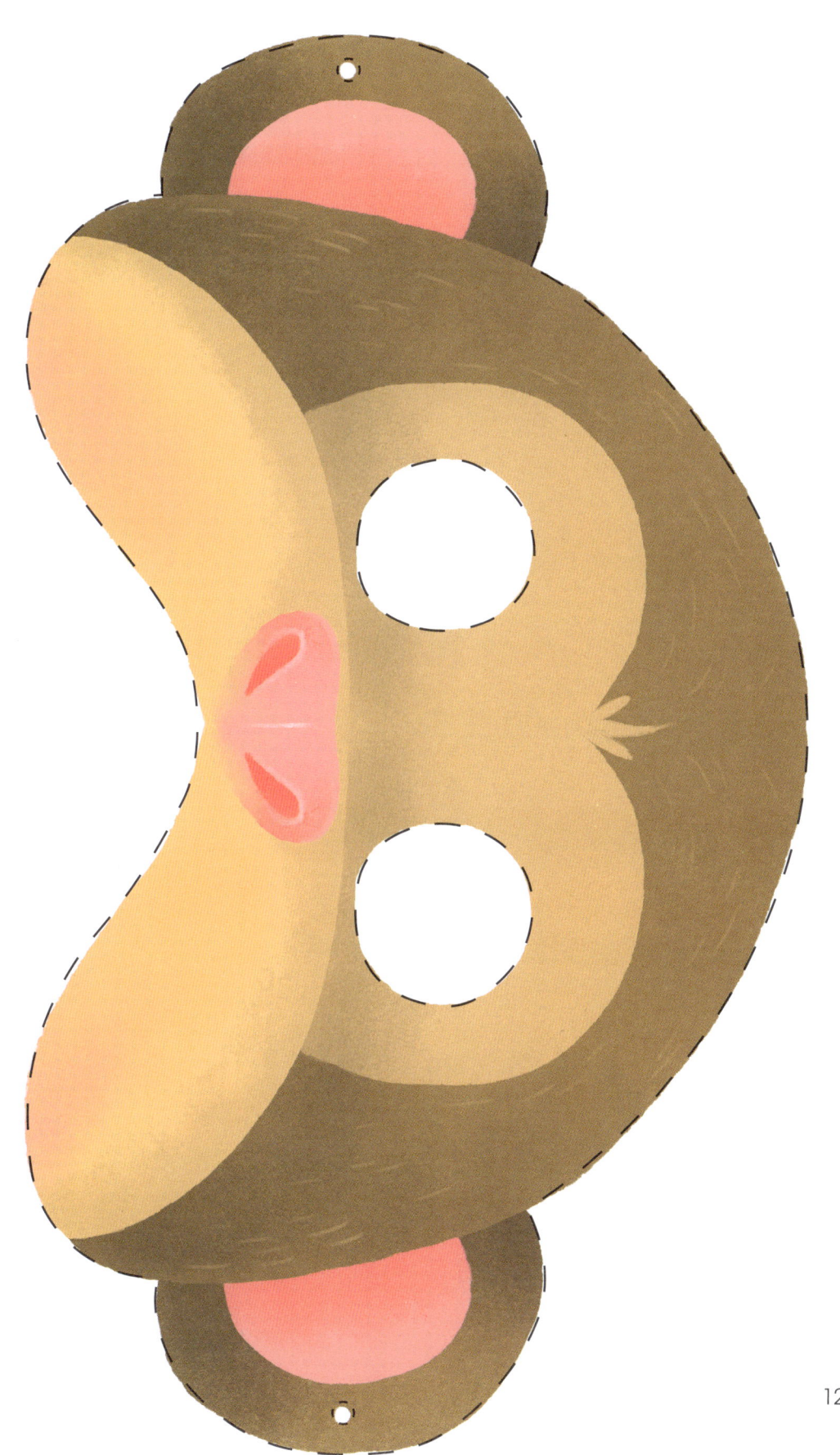

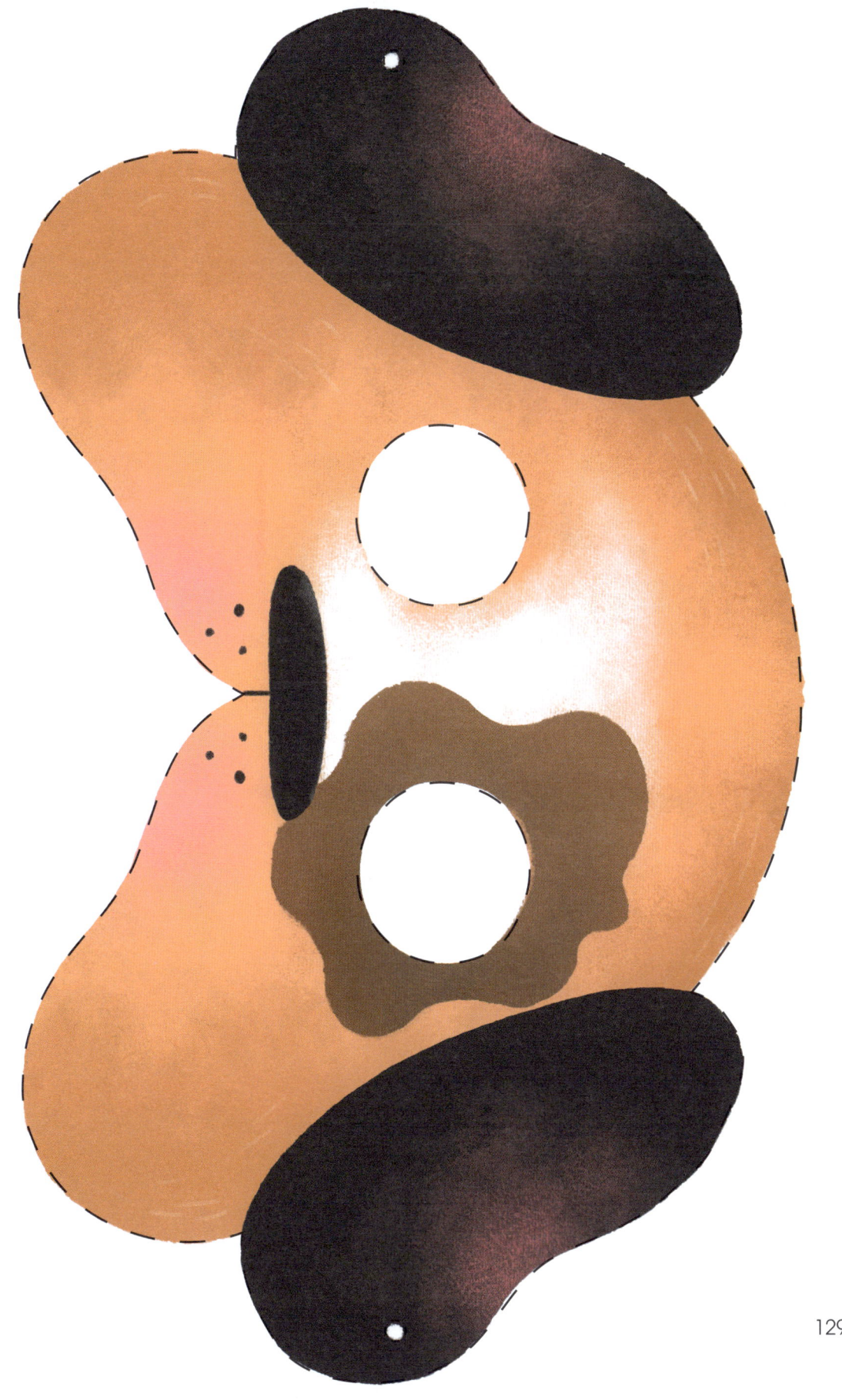

情绪策略立方体
（第98～99页的活动）

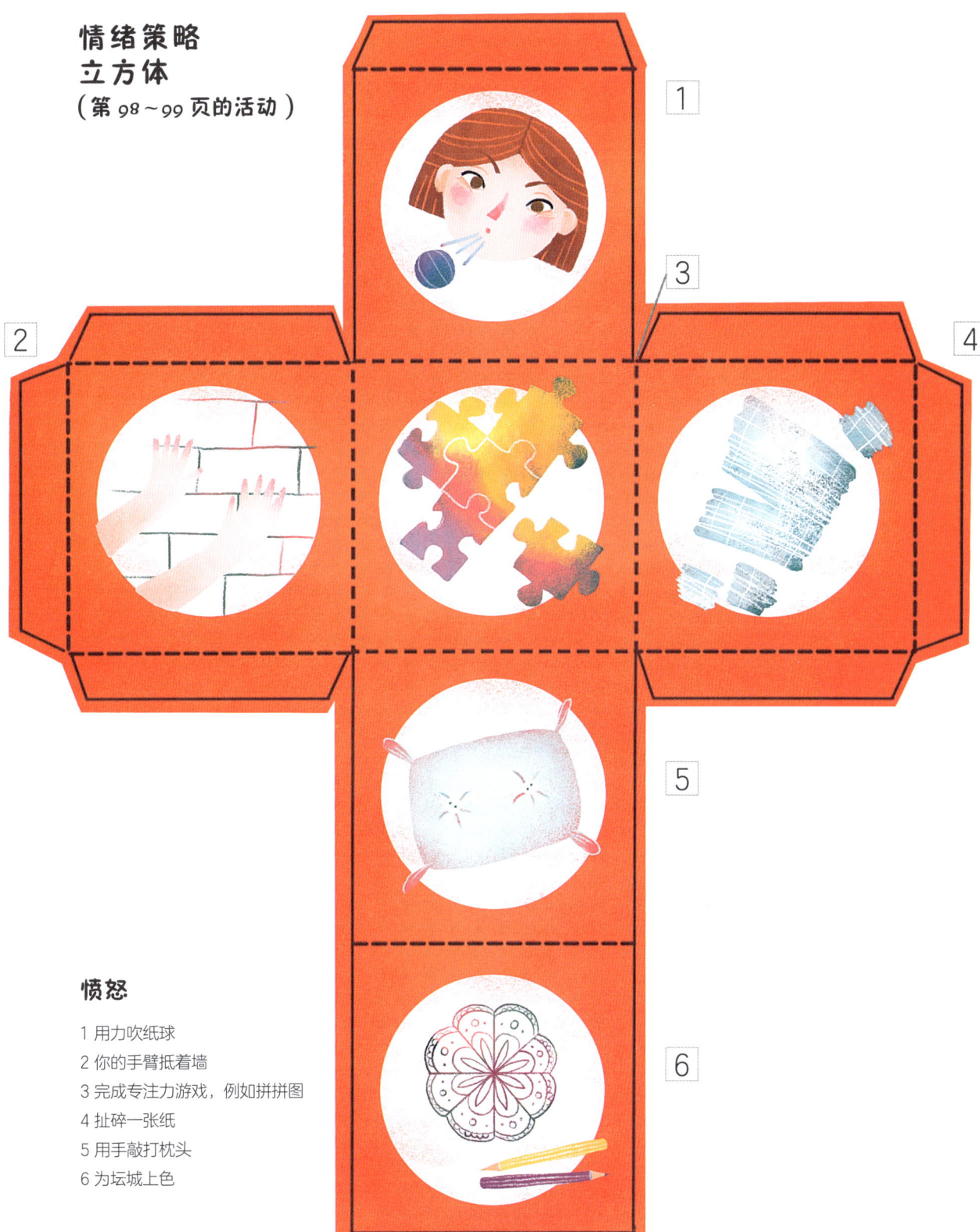

愤怒

1 用力吹纸球
2 你的手臂抵着墙
3 完成专注力游戏，例如拼拼图
4 扯碎一张纸
5 用手敲打枕头
6 为坛城上色

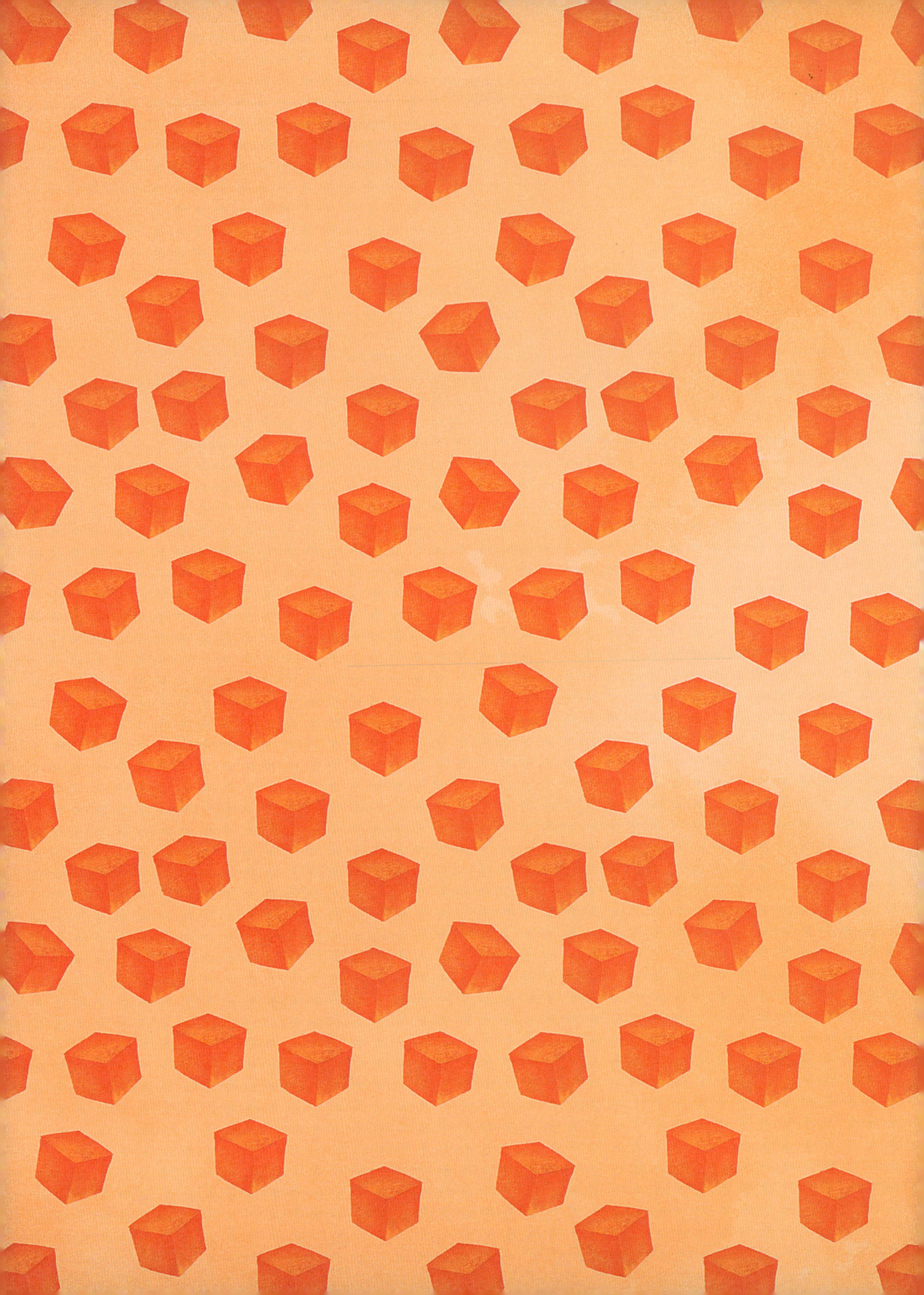

悲伤

1 被人拥入怀中
2 捂着手帕哭泣
3 浏览精美的图片相册
4 跳一小段舞蹈驱散忧伤
5 画出你的悲伤
6 听一首好歌

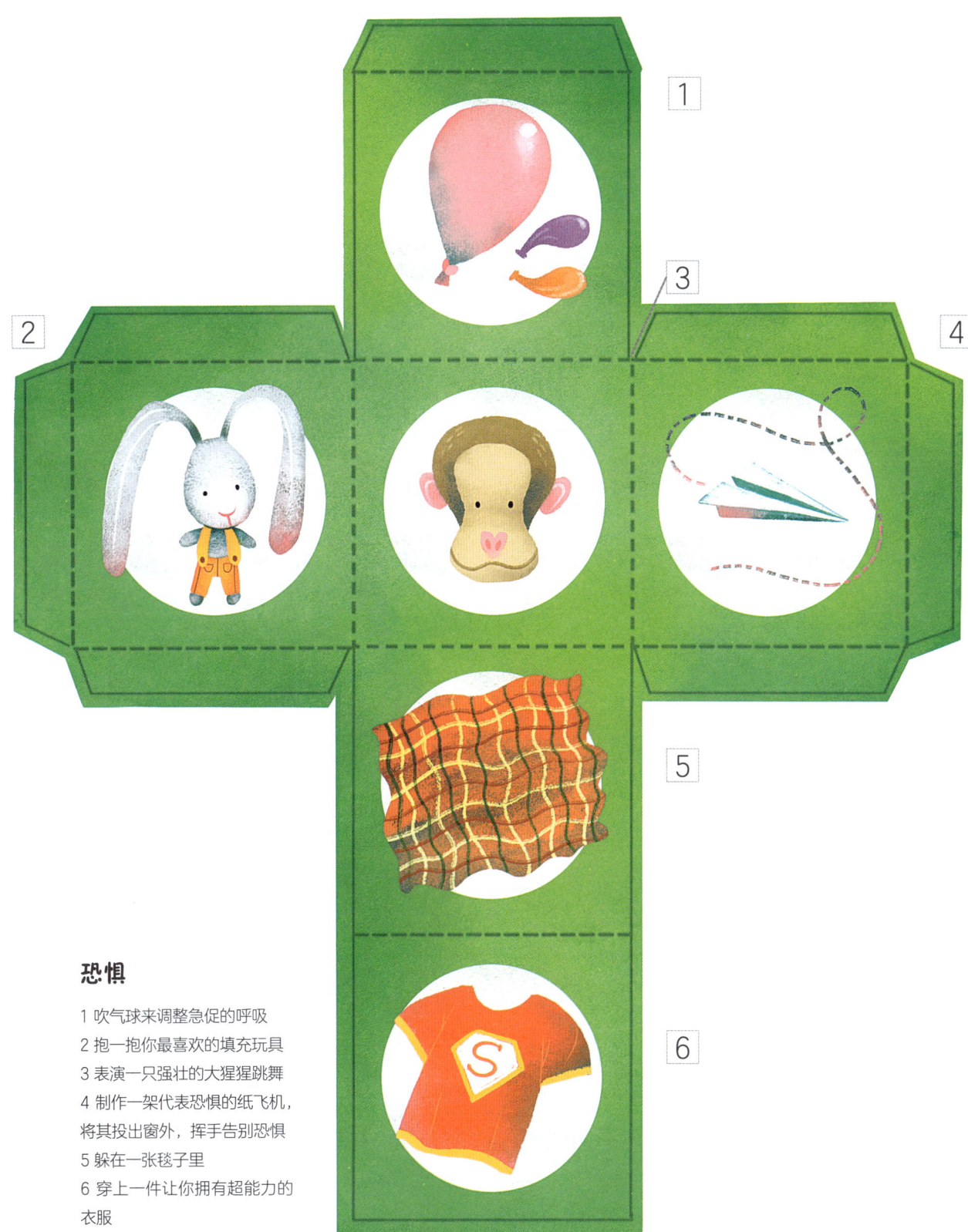

恐惧

1 吹气球来调整急促的呼吸
2 抱一抱你最喜欢的填充玩具
3 表演一只强壮的大猩猩跳舞
4 制作一架代表恐惧的纸飞机，将其投出窗外，挥手告别恐惧
5 躲在一张毯子里
6 穿上一件让你拥有超能力的衣服

羞愧

1 紧紧抱住一个枕头,把脸埋进去
2 戴上小丑鼻子,看着镜子里的自己大笑
3 坐在一个安全的地方,进行吐纳,用力握紧拳头
4 脸上涂上油彩,仿佛是一只你最喜欢的动物
5 戴上面具,直至羞愧感消失
6 放声大笑几分钟

坛城（第 108～109 页的活动）

出 品 人：许　永
出版统筹：林园林
责任编辑：陈泽洪
特邀编辑：陈璐璟
封面设计：李嘉木
内文设计：万　雪
印制总监：蒋　波
发行总监：田峰峥

投稿信箱：cmsdbj@163.com
发　　行：北京创美汇品图书有限公司
发行热线：010-59799930

官方微博

微信公众号